教科書に書かれなかった戦争
わたしたちの《歴史総合》
PART75

7人の戦争アーカイブ

——あなたが明日を生き抜くために

内海愛子 編

鶴見和子／『南方熊楠』
北沢洋子／『私のなかのアフリカ』
鄭敬謨／『ある韓国人のこころ』
高崎隆治／『戦争文学通信』
岡本愛彦／『私は貝になりたい』
湯浅謙／軍医『消せない記憶』
亀井文夫／映画監督『戦ふ兵隊』

梨の木舎

目次

脚注および囲み
高崎隆治
岡本愛彦
内海愛子

●紹　介

鶴見和子（つるみかずこ）

1918～2006年。社会学者。

1939年津田英学塾を卒業後、アメリカ留学。46年『思想の科学』を創刊にかかわる。52年からは生活記録運動の実践を通した活動に参加。社会学や民俗学の視点から、方法から日本社会の変化をとらえる作業を続けた。和歌や日舞、着物などの趣味の豊かさでも知られた。著書に『南方熊楠』(79年)『内発的発展論』(89年、共著）他。

北沢洋子（きたざわようこ）

1933年～2015年。国際問題評論家。

1955年横浜国立大学卒業。59年より67年、エジプトカイロにあるアジアアフリカ人民連帯機構書記局に勤務。1973年、「アジア太平洋資料センター」の設立に参加。1974年に、南アフリカのアパルトヘイト体制について国連総会に報告。1990年、「草の根援助運動」を創設する。著書に『私のなかのアフリカ』（1979）『日本企業の海外進出』（1987）他。

鄭敬謨（チョンギョンモ）

1924～2021年。評論家、翻訳家。

日本植民地下の京城（現ソウル）に生まれる。1942年京畿中学卒業。45年慶應義塾大学修了。47年渡米、1950年エモリー大学卒業。朝鮮戦争勃発と同時に米国防総省職員となり、板門店での休戦会談にも参加。朝鮮戦争を米国の侵略と断じ、韓国独裁政権を批判した。『ある韓国人のこころ』(1972)『断ち裂かれた山河』(1984)他。

高崎隆治（たかさきりゅうじ）

1925～2013年。法政大学文学部在学中に学徒兵として戦争を体験する。

法政大学文学部講師、講談社昭和万葉集編纂顧問等を経て、立教大学文学部で「戦時下のジャーナリズム」を担当する。

主な著者『戦争文学通信』『戦時下の雑誌』『戦時下文学の周辺』（以上風媒社）『ペンと戦争』（成甲書房）『非戦のうた』（日本評論社）『文学の中の朝鮮人像』（青弓社）『生きて再び逢ふ日のありや』（梨の木舎）ほか。

岡本愛彦（おかもとよしひこ）

1925～2004年。映画監督。NHK放送記者、TBSテレビ演出部を経て、フリー。信州大学などで侵略史を教える。

主な著書『日本人への遺言』（未来社）。テレビ作品は、BC級戦犯を通して、戦争の責任を追及した『私は貝になりたい』、戦後保守党の金権体質を告発した『いろはにほへと』、新聞の戦争責任を追った『新聞が死んだ日』ほか。

湯浅　謙（ゆあさけん）

1916～2010年。医大卒業後旭川歩兵連隊に入隊、軍医中尉に。1943年中国山西省潞安陸軍病院に勤務。敗戦後も徴用に国民党軍軍医をつとめた。1951年、戦犯として太原監獄に拘置、1956年釈放され帰国。『消せない記憶——湯浅軍医生体解剖の記録』（日中出版）を出版。

現在、東京都杉並区西荻窪診療所医師として勤務しながら地域で活動している。

亀井文夫（かめいふみお）

1908～1987年。記録映画監督。文化学院を中退して、レニングラード映画専門学校に留学。帰国後、東宝入社。41年治安維持法で検挙。

戦後、東宝争議に参加後、フリーに。日本ドキュメント・フィルム主宰。

主な作品『上海』『戦ふ兵隊』『日本の悲劇』『戦争と平和』『女ひとり大地を行く』『生物みなトモダチ』ほか多数。

内海愛子（うつみあいこ）

1941年東京に生まれる。大学時代に1冊の本に出会い、日本の中の朝鮮人差別や戦争の問題を教えられる。

恵泉女学園大学名誉教授。

主な著書『赤道下の朝鮮人叛乱』（勁草書房）共著。『朝鮮人BC級戦犯の記録』（勁草書房）、『マンゴウの実る村から』（現代書館）、『アジアからみた大東亜共栄圏』（梨の木舎・共編著）『村井宇野子の朝鮮・清国紀行』（梨の木舎・編著）。

1
「小さな民」の視点から

鶴見和子

鶴見さん、その名前を聞くと、きりりと着物を着こなした姿を思い浮かべる。歯に衣きせぬ語り口と言い、ほれぼれするその姿——「見事な女性」として輝いていた。弟の鶴見俊輔さんはベ平連の集会などでお話を伺い、『思想の科学』などで著作は読んでいたが、和子さんは近寄りがたかった。その方にアジア太平洋資料センター（PARC）が刊行する『季刊オルタ』でインタビューをお願いした。編集長の村井吉敬さんと上智大学で同僚だったことから実現したものだった。

戦前戦中戦後を生きたダイナミックな人生が、力づよく語られていく。南方熊楠の研究者であり、水俣病にも思いを寄せて運動にかかわっていた「大きな」鶴見さんが、デューイの「小さな民からの発想」に触発されていたことも知った。インタビューでは鶴見さんの行動を追うだけで精一杯、その研究にまで踏み込めなかったのが残念だったが、激動の中、自分の立ち位置をしっかり見すえて生きてきた鶴見さんのお話をまず、聞いていただきたい。（U）

「不忠の臣」？

鶴見　小学校は沢柳政太郎*が校長時代の牛込成城小学校。文部省に反対した人だから、御真影もないし、文部省唱歌も歌わない、国定教科書も使わない。戦後に生活記録運動*を始めた時、「手本は二宮金次郎」という歌を皆が歌うんです。「面白い歌ねえ、それどこの歌？」って聞いたら、「鶴見さん、小学校に行ったんですか」って（笑）。「キグチコヘイハ　シンデモラッパヲ　ハナシマセンデシタ」なんてのも知らない。全然とんちんかんなわけです。

その後、成城小学校が廃止になって、試験を受けて、母の母校だった女子学習院の中等科に入った。ここで環境はぐるりと変わったんです。だから大変だったの。天長節なんて何だか知らないから、学校なんか行かない。家族で軽井沢に行ったので、母はそう書いて学校に出したの。そしたら先生が「あなたは不忠の臣です。謝りなさい」という。「不忠の臣」なんて言葉知らないから、ぽかんとして…。悪うございましたと書きなさい、と言われたけど、私、いやだって言ったの。そしたら母が呼ばれたんですが、母がまた涼しい顔で「うちの子供には自

沢柳政太郎　さわやなぎまさたろう（一八六五～一九）
教育家。一高校長などを務めた後、文部次官として小学校令の改正（義務教育年期を四年から六年に）、東北帝大、九州帝大の設置、高校の増設などを行う。東北帝大初代総長を経たあと一九一二年に京都帝大総長になったが、学内刷新を唱えて七教授を罷免したことで、教授会と対立。文相は教授会の主張を認め、沢柳は辞任した（京大沢柳事件）。以後、帝国教育会会長、一七年に自ら創立した私立成城小学校の校長となる。成城学園の教育を通して、教育の科学的研究を尊重した教育改革の必要性を強調した。

生活記録運動　せいかつきろくうんどう
農村や工場などの職場で働く人

分が悪いと思わなかった時に謝るようには躾けてございません」と言ってきたんです。

内海　すごいお母さん、いいですね。

鶴見　すごいお母さんだけど、そのために私は窮地に落ちたわけ。だって母は学校に行かないわけでしょ。私は毎日行くんだから。それで夏休みになったら一斉にいろんな先生から謝れという手紙がくるのよ。で、しょうがないから母に黙って一札入れたの。それ以後、ぐるりと優等生になった。「不忠の臣」という言葉は相変わらずわかんなかったけど、世の中はこういうものだということがわかったの。教師というものは愚かなものだということもよくわかったの。自分も後には愚かな教師になったけど——愚かだってこと知ってる教師の方が知らないよりいいでしょ。それで、ある種の人にはこういうふうに対処する、すべての人に同じように対処しては生きていけない。うちの母はお嬢さんでちゃんと夫がついてるからいいけど、これから仕事をしていこうという女はそれではいけないと。

内海　当時から仕事をもって生きていくことを考えていらしたんですか?

鶴見　何かはわからなかったけど、とにかく何かする人になるんだと思っていた。英語の先生なんかいいな、とか、踊りをずっとやってましたから、踊りのお師匠さんもいいかな、とか。自分でやっていく、仕事をする女になれ、というのは小さい時から父に叩き込まれていたの。お嫁に行くなんてこと一度も考えたことないもの。

内海　お父さんというのは鶴見祐輔*さん。自立して仕事を持つように娘を教育すると

びとや、家庭の主婦の間などで、日常の生活をありのままに書き、仲間で読み合うことを通して、現実を直視し、生活の矛盾を集団的に解決していこうとする運動。大正時代から昭和初期にかけて展開された民間教育運動である生活綴方運動が、戦後一九五〇年代に復活（無着成恭『山びこ学校』や東井義雄『村を育てる学力』などがあらわれる）したことにより、農村や職場にもひろがった。東亜紡績の女子工員たちが労働の現実や恋愛、自分の将来などを共同のノートに書き、討議を深めながら新しい考え方・生き方を生み出し、さらに母たちの歴史を文集（木下順二・鶴見和子編『母の歴史』）にまとめ、現代史の書き直しに参加していった運動は、その代表的な例。

鶴見祐輔　つるみゆうすけ（一八八五〜一九七三）　政治家、著述家。鉄道省運輸局を最後に官途を離れ、一九二四年以後海外の大学などに遊説、民間外交推進に努める。二八年に衆議院議員になり明政会を率いて活躍。米内内閣の内務政務次官、翼政

いう親は、当時としてはめずらしいですよね。小学校出たら奉公に出て嫁に行って……という世の中で……庶民の場合ですが……。

鶴見 その頃は学校の帰りには踊りに通って、勉強なんて何もしなかった。宿題もないし。テニスしたり、よく遊んでました。ただお裁縫だけはだめだったわね。嫌いだったの。最後までお裁縫だけは乙だったのよ。音楽もだめ。私、声がとっても大きいの。それで調子がはずれるから。これもずっと乙だったんだけど、ある時から音楽理論というのが入った。私、何でも理論ならいいわけ（笑）。それで甲になったの。お裁縫も裁縫理論ていうのがあればよかったんだけど（笑）。

内海 私も女子ばかりの学校で、やっぱりお裁縫が嫌いで……。私があんまりイライラしているので、母が徹夜で縫ってたりして（笑）。

鶴見 お母さまにしていただいたの？　軽蔑しちゃうわ内海さん（笑）。私は最後まで自分でやったわよ。ゆっくりゆっくりやって、それでいつも乙だった。お裁縫の時間、みんな私のそばに来るのを嫌がるの。しゃべってばっかりいて進まないって（笑）。

内海 私、なんで女だけが裁縫や育児を勉強させられるんだろうと、いつも頭にきていたから家庭科の時間になると不機嫌になったんです。その頃、一生結婚しないと考えていたから、そんなのは習っても仕方がない。選択肢がなく、「女は……」と、すべて一緒くたに型にはめられるのがとにかくいやだった。

鶴見 あのね、そこがないのよ、私には。男と女が違うという感覚が欠乏してるのよ。

内海 戦後の民主主義教育の時代だったのに、私の行った女子校は、女はこうしなさ

会・日政会の顧問を務め、戦争直後に進歩党結成に参画、幹事長になる。公職追放解除後、参議院議員、鳩山内閣の厚相。後藤新平の女婿でもある。主著に『自由人の旅日記』『感激の生活』など。

いというのがあったし、父なんかにもありましたね。早稲田を受験するといったら「男がいて危険だ」とか「お嫁に行けなくなる」と反対した先生もいたぐらいです。

鶴見 うちにはそういうものは一切なかったの。女だからって言われたことないもの。人間としてどうする、ということを教え込まれたから、女だから男だからという観念がまったく育たなかった。うちの父というのは徹底した家庭の中の自由主義だったの。

内海 鶴見さんの中で、お父さんの存在ってとっても大きいんですね。

鶴見 とっても大きいわよ。何かすると、今でも思わず「お父様ありがとうございます」って口にでちゃうの。ほんとにおかしいんだけど。何かしようと思う時に、守ってくれる、見ていてくれる、だから大丈夫だという感じがいつもあるの。

私は父に愛され、弟の俊輔*は母に愛された。母はとても厳しい人だったから、弟は愛されすぎて反発してるんだけど。母は私に対しては、女の子だからお父さんに任しとけばいいやという気持ちがあったかもしれない。私はとても母に感謝しているの。こういうふうに楽しく暮らしているのは母のおかげ。私はお裁縫はできないけど、お料理はできる。着物を着ることもできる。生活を楽しむことができるんです。だから私と俊輔の書いたものをお読みになった方からは、「同じお母さまですか?」と聞かれたりするのよ。仕事は父のおかげ、暮らしは母のおかげだと思ってる。

俊輔 しゅんすけ
思想家の鶴見俊輔さんのこと。

「帰る」「帰らない」「帰る」

内海　津田英学塾を卒業してアメリカへ留学、一九四一年にコロンビア大学で最初の修士論文を書かれた。当時は日本人移民の排斥運動が起こり、日米関係が悪化してきた時代ですよね。

鶴見　私が行ったのは一九三九年、「日華事変」が起こった翌々年です。それからパールハーバー（真珠湾攻撃）までいたわけです。パールハーバーの後に、交換船で帰ってきた。

内海　日本人だということで嫌がらせをされたりしたことはありませんか。

鶴見　私は常に大学という、偏見とか排斥とかいうものが少ない世界にいたんです。ところが、パールハーバーの時、ニューヨークの下町で暴動がおきたの。フィリピン人が日本人を襲撃したというんです。それで危ないから外へ出ないようにと市長が命令した。

町によっても違うんです。弟はハーヴァード大学に行っていて、徴兵適齢期の男性だったために、すぐにＦＢＩに拘束されて裁判にかけられた。そこで弟は滔々とクロポトキン*のアナキズムの哲学をしゃべったのよ。それで拘留されちゃったんです。

私は自由で、むしろ大学からは、女は徴兵に取られないし有利だから、ここにいらっしゃい、と言われていた。そのつもりだったら、ある日突然、国務省から電報が来て「帰国の準備ができたから、帰りたければ帰ると言ってください」と、

クロポトキン
（一八四二〜一九二一）
ロシアの革命家、無政府主義者。名門貴族の子で地理学者であったが、一八七二年バクーニンに出会い、その影響で革命家となる。第一インターナショナルでマルクスと対立。ペテルブルクの労働者にアナキズムを宣伝。七六年イギリス亡命。後、一九〇三年「パンと自由」誌を創刊、ヨーロッパ・アナキズムの指導的理論家になる。『近代科学とアナキズム』『相互扶助論』『ある革命家の手記』など。

二十四時間以内に返事しろって言うの。それで私は「帰る」「帰らない」「帰る」と揺れ動いて、三回電報打って、帰ってきたんです。軌道に乗ってる時だし勉強したい。で、帰らないと言ったら、今度は心配になった。みんな抑留されましたから大使館もない。日本では父は政治家でしたし……。まだちゃんと自立してなかったんですね。とっても不安だったんです。

戦時中のアメリカ研究

内海 それで東京麻布の家に帰ってきたんですね。戦争中はどうしていらしたんですか。

鶴見 戦争中、弟は徴用でジャワにいき、私もぐずぐずしてたら徴用になりますでしょ、挺身隊とか何とか。で、勤めなくちゃいけない。それでうちの父が太平洋協会というのをやっていて、そこにアメリカ分室を作ったんです。一緒に交換船で帰ってきた坂西志保さんを室長に迎え、やはり交換船で帰ってきた都留重人さん、阿部行蔵さん、細入藤太郎さんといった方たちを集めて、そこで勝手なことというのか、アメリカ研究をやり始めたわけ。その時にアメリカの国民性とか、そんな本をいくつも出していますよ。私は哲学をやってたから、アメリカの哲学者が見たアメリカなんかを次々に紹介したり。

内海 ルース・ベネディクト*が日本研究をやっていた、そのちょうど逆ですね。

鶴見 戦争中は密やかに暮らしてなくちゃいけないけど、戦後のために準備をしなくちゃならない。だからこういう暇な時に語学をやっておこうと思って、フランス

* ルース・ベネディクト（一八八七～一九四八）アメリカの人類学者。一九四三年から四六年にかけて情報局に勤務。四六年に『菊と刀』を著す。

語を勉強してたんですが、ものになりませんでした。ドイツ語は好きじゃなかったのでやりませんでしたが、中国語は学び始めました。自分の人生で戦争中ほど暇な時はなかった。

内海　アメリカ帰りということで軍部から何か……。

鶴見　交換船で帰ってきた時に、学生は全部憲兵隊に呼ばれて一人ひとり詰問されました。その時に、私は「こんなことをしてたら大変です」って言ったのを覚えてる。「どうしてですか」って言うから、「アメリカで見てると、この戦争は大変なことですよ」って言ったの。「だけど日本の人たちは勝った勝ったって浮かれ騒いでいます。これは違うんじゃないでしょうか」、って言ったんですよ。そうしたら何て言ったと思う？　「どうぞ、そのことをみんなに言ってください」って言われたの。

内海　憲兵隊は、「だからもっと皆がんばらなければ……」と鶴見さんが思っていると誤解したんですね（笑）。

鶴見　そうなんですよ（笑）。本当のことを言ったんですよ。それを相手が勝手に誤解して喜んじゃったんで、びっくりしたの。

八月十五日、玉音放送の時は疎開先の熱海へ帰る汽車の中にいたんです。父が「戦争が終わった」って言うから、「ああ嬉しい」って言ったの。その日を待ってたんです。いつ負けるかって待ってたんだから。もう、家中が喜んだわけ。これで無事にすんだって。

『思想の科学』と生活記録運動

内海 で、戦後は『思想の科学』を。

鶴見 『思想の科学』は父がお金を出してくれて、アイディアは俊輔で、一緒に交換船で帰ってきた友達や、日本に帰ってきてから知った方や、「七人の出発」という、書いたものがありますが、ちょうど七人で始めたんです。都留さん、渡辺慧さん、武田清子さん、武谷三男さんたちと。

内海 なぜ戦後すぐ『思想の科学』だったんでしょう。

鶴見 やっぱりプラグマティズム哲学をやってきましたでしょう。それまでの日本では、哲学というのは全部ドイツ観念論でしたから、アメリカ哲学というのは哲学と思われていなかった。だから、これではいけないのではないか、というので、今でいえば学際です。それから実証主義です。ただ観念的にものを言うんではなくて、それがどういうふうに実証されるかということ。それから普通人の言葉で、という日常の哲学。これがプラグマティズムなんですよね。あるいは柳田国男の言う常民の知恵、そこから学ぼうと。だから、個々の専門の学問、自然科学も社会科学も一緒にやろうというだけではなくて、学者、専門家と普通の人、普通に生活している人とが一緒にものを考える。普通に生活している人の哲学を学ぼうということなんです。

内海 『思想の科学』の出発もありますが、鶴見さんのお仕事として「生活記録運動」もありますね。

鶴見　「生活記録運動」を始めたのが一九五一年。ちょうどサンフランシスコ平和条約の年です。

内海　始めた契機は何なんでしょう。

鶴見　一九五二年、全国作文教育協議会の戦後第一回の全国大会が恵那（岐阜県恵那市）であって、そこに私が呼ばれたんです。五一年に『やまびこ学校』*が出てベストセラーになって、興味を持っていたところに、国分一太郎さんと後藤彦十郎さんが突然訪ねてこられ、作文の会に来て話をしろと言われた。でも私よく知らないんですけど、って言ったら、それじゃあ勉強してくださいといって、現場の教師を紹介して下さったり。非常に関心がありましたから、一生懸命勉強しました。

それで恵那の会でお話をした時、私はちょっと撤回できないことを言っちゃったんです。「戦前に子供の思想上人格形成の方法として使われた『生活綴り方』を、いま大人が価値観を変え思想を改造しなくてはならない時に、大人の人格再形成、思想の再形成のために学ぶことができる」と。

それで子供の「生活綴り方」に対する大人の「生活記録」と銘打って、その年から始めたんです。そこに四日市の東亜紡織のグループのリーダーの沢井余志郎さんたちが来ていて、その後すぐに四日市（三重県四日市市）に出かけて行った。それでその人たちのやっていることを知って、東京へ帰り、それに学んで、東京で鐘紡の娘さんたち、それから山の手や下町のおかみさんたちとのグループを作ったんです。牧瀬菊枝さんともその時から一緒にやりました。

*『やまびこ学校』
山形県山元村（現在の上山市）の山元中学校生徒による生活記録文集。中学二年の生徒四三名の綴方作品を教師の無着成恭が編集して一九五一年三月に刊行された。戦後の「新教育」にもとづく社会科学習の非現実性を批判し、貧困と封建性のなかで生きる農民の苦しみを綴方で表現させ、生活矛盾を解決する方途を集団討議で考えさせる。この本の刊行は、戦後の教育実践の一つの方向を示したといわれる。

内海 今までの鶴見さんの生活からは見えなかった庶民の生活にぶつかってショックを受けた。その意味で、生活記録運動での聞き書きは、新鮮だったのではないですか。

鶴見 あの頃はまだ、紡績の娘さんや中小企業のおかみさんと話して「面白い」と言っていたのよ。何を聞いても面白くて面白くてしょうがない。そうしたら紡績の女工さんたちが怒り出したの。「私たちが苦しい暮らしの話をしているのに何が面白いんですか」「なんで大きな声で明るく笑うんだ」と批判されたんです。

本当に、実際そうだったと思う。その人たちと一緒にどうするのか、というふうには考えていなかった。面白いというのはつまり、第三者の目で見ている。自分と違う人、だから面白い、と言っていたと思うのよ。その人の身になって考えてはいないのよ。

言葉としてはいろいろ言ってたわけです。でもそれはうまい言葉だったと思うわ、今は。その頃はそれで真面目だったんだけど。面白いというのは「おいしい」というのと同じようなものだったんですね。

内海 その「面白さ」には、受けた教育の違いと、アメリカ体験による視点の違いがあると思いますが。

鶴見 そうですね。私が学んだのは、当時のアメリカのプラグマティズムですから。「生活者の哲学」というものを学んできたんですね。それで、「ああこれがそれなんだな」といって納得しちゃうわけ。

記録運動と並行して、文部省の研究費をもらって働く婦人の生活と意識の調査も始めたんです。紡績と逓信、電話など、いくつかの女性の多い職場をとって、そこに行ってアンケート調査をしました。意識調査、それからあちこちで農村調査もやってます。鶴川村の調査や伊東の調査……。

内海　日本の社会が大きく変わる時期だったから、調査が必要だし、面白い時でしたね。

鶴見　とっても面白かった。それで調査のやり方は何も知らないわけですよ。哲学しかやってないんだから。だけどその手法っていうのはやっぱり常民の哲学っていうか、普通人の哲学っていうか、日常の哲学。その手法でやってたんです。だから、人の話を聞くと自然に手が動くんですよ。何でも書いちゃうの。

デューイ*と「小さな民」の発想

内海　四十代の半ばに、もう一回勉強しようと渡米なさったわけですが、その転機というのは？

鶴見　どんどん今までの蓄積を使ってたわけでしょ。記録運動とか、そういう運動をやっていると、経験の蓄積はできるけど、学問的な蓄積は使い果たしちゃったわけです。現実の問題は限りなくでてくる。だけど、それをどう捌いていくかという先が見えなくなってきた。コロンビア大学から学半ばで帰ってきてしまったことの挫折感と現実の問題にぶつかると自分の力が弱いということがダブって、もう一度勉強し直さなきゃだめだと考えた。

で、いい機会にめぐり会ったんです。その頃、『世界評論』の書評欄を、都留

*ジョン・デューイ
（一八五九～一九五二）
アメリカの哲学者・教育学者。W・ジェームズの影響をうけてプラグマティズムに進み、その後パースの立場を発展させ「道具主義」哲学を大成。また教育学者としても、児童教育の実践的指導などを通して大きな影響をあたえた。

さんと南博さん、俊輔、私の四人で受け持っていたんです。私はプリンストン大学の社会学教授、リーヴィーさんの博士論文『近代中国における家族革命』を面白いと思って書評して、それをご本人に送ったんですね。安保の年（一九六〇年）に、彼が日本に来て、日本の徳川時代の社会構造について研究しようと思うので助手をしてくれと言うんです。それで一年間お手伝いしたんですが、私の仕事を気にいってくれて、プリンストン大学に来ないかと言われたんです。社会学をやりたかったので、ちょうどいいと思って。プリンストンが初めて女子学生の大学院入学を許可することになったので、履歴書を出したら、通ったんです。フェローシップをくださるというので、決心して行ったんですよ。

内海 そうなんですか。私はお父さんが亡くなったことが契機になって再びアメリカに渡ったのかと思ってました。

鶴見 そうじゃないんですよ。当時、父は病気なんです。姉弟はみんな結婚して家を出て、私が背負っていかなくちゃならなかった。最初は持ち物を売ってやってたんですけど、何年続くかわからない。家庭看護ですから、看護婦さん雇って大変なんです。とても将来おぼつかないから、私が働いてやっていこうと。ところが、ものを書いていくのではとてもやっていけない。で、やっぱりちゃんと学位を取って就職しなければだめだと考えたんです。だからひどく回り道だけど、もしそういうチャンスがあるなら、そうしようと思ってたんです。

内海 鶴見さんの発想は「小さな民」の視点から、近代化を、社会を考えていくやり方ですね。こうした視点は、「生活記録運動」の中からつくりあげていったものなんですか。

鶴見　それは何から来ているのかと言うと、やっぱりデューイなんです。とっても感激したのよ、アメリカに行って初めてデューイを読んだ時に。つまりデューイによって天皇制を乗りきることができると思ったんです。

デューイは第一次世界大戦後に日本に来ているんですが、その時、日本のリベラリズムは弱いということを言ったんです。特に教育の中に弱点があるということを見抜いてる。日本の教育を見ていると、合理的思考はここまで、という限度がある。ここから先は天皇、天皇については何も考えてはいけない。そういうふうに思考を限定をすると、自由な思考は阻まれる。そこに日本のリベラリズムの弱さがあって、自由主義者といえどもそこに限界がある、ということを強く批判したんです。それからデューイは中国に行った。中国では、第一次大戦直後の一九一八～一九年、サイエンス&デモクラシーの運動が起こったんです。それでデューイは中国人はプラグマティストであると言いました。本当にそうなんですね、今だって。日本におけるリベラリズムの弱さと中国におけるプラグマティズムの伝統とを対比して、中国の方がずっとリベラルであると言った。

まずそこに天皇制批判をはっきり打ち出しているということが一つありますね。それから、「自由とは何か」というと、選択肢がたくさんあって可能性が開かれていて、その可能性を自分で選ぶことの中に自由があるのだと。もうそれがすごく新鮮だったんです。選択的思考の過程がつぶさに書いてある。天皇制、教育勅語の教育の中では、すべてが与えられたものであって、私たちには選ぶ自由がなかったんです。私は自由主義の家庭に育ち、また成城小学校に行った後で女子学習院に入った。学校と家庭、社会と家庭というのはかなり落差があったわけです。ですからデューイによって、アメリカに行って初めて、自由な思考に開眼したんです。

内海　戦前の教育のなかで窒息しそうだった鶴見さんにとっては、デューイの思想は衝撃だったんですね。それから柳田国男に結びつくのは。

鶴見　まず、デューイが、哲学は生活の中から、生活の経験の中から出てくると言っていること。それからもう一つはコモン・マン（common man）の哲学の提案です。目に一丁字もない木こりの言葉の中に真理がある、という考えですね。

それがずっと念頭にあるから、柳田国男に結びつき、「生活記録運動」に結びつく。すべてデューイが下敷きになって、そういう結びつきができたんです。「小さき民」というのも、デューイの考え方です。これを日本に持ってくると、こういうことをやったのは柳田国男である。だから私は柳田国男をやりたい。そういうことを、その頃考えていたんです。

まずアメリカの理論の組立をきっちり自分で学ぶ。そうして学んだ上でないと同じ土俵に上がれないということなんです。

内海　同じ土俵ってどういう意味ですか。

鶴見　柳田国男はこちらの土俵でやっている。アメリカの社会学は向こうの土俵で。土俵が二つだったら犬の遠吠えみたいになってしまう。だからまずあちらのやり方を自分でものにして、それからこちらに橋渡しをして、そしてもう一つ別なものを作る。そういうことをずっと考えてたんです。プラグマティズムおよび近代化論の理論の組立が一応わかったから、その組立て方で柳田国男を見ると何が見えるか、ということをやろうと思ったんです。柳田国男をもって柳田国男を見ても、柳田国男以上のものは何も見えないんです。

水俣とアニミズム、そして「国際貢献」

内海　プラグマティズム理論の枠組みによる柳田研究をやられて、最近はアニミズムに関心をもたれているそうですが。

鶴見　「アニミズムとサイエンス」という英語の論文を去年書きました。なぜ私がそういうことを考えるようになったかというと、それはすべて水俣です。水俣に行って、患者さんたち一人ひとりの個人史を聞いているうちに、初めてわかったのは、人間は自然の一部であるという、まったく普通のことに気づいてなかったということです。だから人間が自然を破壊すれば、人間自身も破壊して、肉体を破壊するばかりでなく魂も破壊される。私たちが知り合った少数の患者さんたちは、実に崇高な魂を持ってるけど、多くの人間関係の崩壊も起こっているわけですから。

それまでは近代化の中で毒されていて、人間は偉いんだからいくら自然を破壊してもそれは人間の勝利であるという考えを培ってきたわけでしょ。思い上がっていたのね。

水俣で話を聞くと、不思議に引きずり込まれるのね。杉本榮子さんは、とても腕のいい漁師なの。夫妻で漁師、重症患者なんです。それを自分たちの力で段々に治していく。自己浄化作用というか、自己回復能力があるのね。原田正純さんもおっしゃっているように、現代の医学は水俣病を治すことはできない。ある程度までいったら、あとは自分次第です、と言って病院は患者を突き放す。そこで患者さんたちは、実に創造的にいろんなことをやっている。自分の手足をまず動かせるようにして、できることからやる。蜂を飼うとか、盆栽を作ったり、鶏を飼ったり、うきぎを飼ったり。できることを徐々にやっていって、ついに牧場を経営するまでになる。自然を破壊することによって自分を破壊した人間が、自分自身を回復していくためには、自然を治し、自分も治していく。そういう関係なんだということがわかった。

それからもう一つは、その杉本さんが、「舟霊(ふなだま)様の声を聞いたときに漁にいくと大漁になる」と言ったの。「舟霊様の声ってどんな声ですか?」と聞くと、「ちちちちち」って鳴くと言うの。でもいくら海に行ってもどうしても私には聞こえない。本当に考えちゃったのよね、その時。で、やっぱり私は毒されてるんだと思ったのよ。だからだめなんだなあと。自分が都会に住んでてすごく毒されているんだなということがまずわかって、それから自然との付き合いというのは、人間にとって創造性の源なんだなということがだんだんにわかってきたの。そしてすべてのものに魂があるということ。

水俣にいってまず驚いたのは、一人ひとりに話を聞くと、生活の中にある、非常にしっかりした考えというのがあって、それは学者が言ってる言葉に符合する時がある。論文なんか一つも読んでないのに、最新の論文に書いてあるようなことを言うのね。それで私たちはなんと思い上がったことを今まで考えていたんだろうと思ったのよ。一人ひとりが個性がないんじゃなくて、本当に個性をもってる。むしろ私たちの仲間の学者の方がいかに個性をもたないか。みんな本に書いてあることを言ってるんだから。

自分が無力であり、学問は無力ではないか。この現実の前に何もできないじゃないかって。ただただ驚きと、自分が足りないということだけね。そうしているうちに、自然との付き合いが本当に大切なんだということと、自然に魂があるということを、それまでそんなこと考えたことなかったんだけど、今は、本当に信じてる。そう言うと呆れた顔されることがあるけど、それでも、全然、恥ずかしくない。なんかもう、確固たるものの上に立ってるような気がするのよ。そしたらもう何も恐くないっていう感じなの。これは水俣体験のおかげだと思う。

「むかし聖戦、いま国際貢献」

それで非常に飛躍するようですけど、今、問題になっている国際貢献、これは日本がかつて第二次世界大戦の時に「日本の聖戦」と呼んだことと同じだと思ってるんです。「むかし聖戦、いま国際貢献」なんです。国際貢献をすることに私は反対ではない。暴力でやることに反対なんです。また同じことが起こる。だから、そうでない国際貢献はやはり日本の持っているいいもの、つまり暴力を使わないで命を大事にしていく、人間の命だけではなくて、すべてのものの命を大事にしていく。それにはどうしたらいいかを考えることが、私は一番大きな貢献だと思うんです。

では日本が貢献できるもの、日本の伝統的な自然観であるアニミズムに基調を置く学問の系譜を、海外にどうやったら持ち出せるかと言うことを考えているんです。つまり、日本の国技館の土俵だけで相撲をとっていてはだめで、それが地球的規模の土俵にどうやったら上がれるかという、それを少しずつでも進めて行くことに、私自身の命の意味があるというふうに考えています。限られた時間の中でどこまでやれるかわからないけれど、そういうことをやって死にたいというのが今なんです。それから、今までの仕事をそのアニミズムと科学という焦点でまとめようと思っているんです。だから突拍子もないですよ。

内海 鶴見さんはアニミズムという言葉で語られていますが、この問題提起は、近代化が行き着いた先の私たちの暮らしの見直し、反省の上にたって、どんな社会が構想できるのか。生活、学問をも含めたオルタナティヴは何か、という問題でもあると思うんです。政治権力の奪取だけでは、革命の問題も解決しないことはもちろんですが、では新たな生活、生き方の価値をどうつくり出していくのか。今、そこが問われているのではないか、私もそんなふうに感じています。社会党や従来型の運動が輝きを失っているのも、こうしたオルタナティヴを提示できないからではないでしょうか。

国際貢献の問題で言えば、学校で「戦争とプロパガンダ」の問題をやったんですね。太平洋戦争中の日本軍のプロパガンダ、宣伝、そしてそれを人々がどのように信じこんでいったのか、今、まただまされないために、過去のだまされた歴史をきちんと考えておきたいと思ったから。

鶴見　簡単にだまされるんですねえ。今の「国際貢献」論を見ても。だから、どうやったらだまされないかという方法なんですよ。

「聖戦」というのはすばらしい、天皇陛下は神様だから言っていることはすべて正しいという、理想型としての「聖戦」というのは、現実型では「従軍慰安婦」であり、「強制連行」であり、「南京虐殺」であり、「シンガポール虐殺」であり、「七三一部隊」であった。このズレが問題なんです。今だと「聖戦」は手垢がついていて誰も信じない。ところが今度は新しい言葉を作ったんですね、「国際貢献」という。そうしたら信じちゃうんですよ。そこが愚かしいんです。

だからそれじゃあその意味は一体何なんだ、現実は何なんだということを、もう一度、つまり小手先をいじって、パリ協定の枠が崩れるとか崩れないとか、そんな問題じゃないんですよ。最初は軽装備ならいいと言ってたのが、もう重装備で護衛しなければだめだと。国際貢献といっても、非暴力だったら絶対暴力使っちゃいけないんですから。もともとすべきじゃないことをしてるんだから。

「東洋平和のためならば何で命が惜しかろう」（歌）って育ってたのが今、新聞に「国際平和のためならば」って書いてあるじゃないの。「国際平和のためならば私の息子の命は何でもありません」て書いてある。同じパターンが繰り返されてるのを見て、もう、ゾーッとするわ。

内海　そもそも貢献とは何なのか、政府の言う貢献ではなくて、「小さな民」、カンボジアの民衆が何を望み、何を考えているのかを知ることですよね。

鶴見 国際貢献、国際貢献って言ってるのは、安保理事会に入りたいからでしょ。じゃ安保理とは何なのかといえば国際政治を牛耳るための道具。ガリ総長ははっきり、国連を解体して安保理事会でやると言っている。それを見越してやってるんですよ。だから入らなければ権力が握れない。

これは名声と権力と金力を追求する男性原理ですから、やめましょうと言いたい。生命を大事にする立場から言えば、安保理事会には入らない方がいいんです。

私は、いくら笑われても、遅くても、アニミズムでいきたいと思います。アニミズムっていうのは命なんです。

内海 科学技術に全幅の信頼を寄せて、近代化の道を突っ走ってきた歴史が今、問い直されているんだと思っている。『オルタ』という雑誌も、そうした役割と期待を担って刊行されたんだと思いますが……。きれいなガイドラインを上から提示するんではなくて、一人ひとりが、こんな生活でいいのだろうか、どこがおかしくて、どう変えていけばいいのかを模索する中で、新たなものを見いだしていければいいなと思っています。「小さな民」からの発想ですね。

2 カイロで目からウロコが落ちた

北沢洋子

アジア太平洋資料センター（PARC）でお会いする北沢洋子さんは、明るく、スケールの大きな国際派の活動家として輝いていた。小田実、武藤一羊、鶴見良行、ダグラス・ラミスさんたちと英文「AMPO」を発行し、その後、雑誌『世界から』を刊行していた。満洲からの引き揚げまでに物乞いをしなければ生きられないほどの苦難の生活をしてきたことを知って驚いた。

小学生の頃、遊び疲れて帰ってくるとラジオから「元満洲奉天にお住まいの○○さん」と、「尋ね人」の放送が流れていた。空腹とこの放送が私に「戦争」を身近に感じさせていた。その一人だったとは——。悲惨な体験を時には笑いながら語る北沢さん、植民者としての天国と敗戦後の地獄を体験してきた北沢さんは、少しのことでは動じない——。ここにも「見事な女性」がいた。（U）

紙まで食べた

内海　北沢さんは中国の大連で、敗戦を迎えたそうですが、生まれは？

北沢　敗戦は大連だけど、生まれは東京。小学校にあがるまでは祖母のもとで育った。江戸時代に代々両替商をしていたの、祖母の家は。それが明治になってから、築地の居留地*の近くで、郵便局をやってね、だから、はやくから外国人と接触していて、立教女学院を卒業した祖母が通訳をしていた。私を育てた祖母は、跡取り娘で、気丈で活動的だった。だいたい、二・二六事件*のときに反乱軍のスピーチを聞くために戒厳令下、当時住んでいた蒲田から赤坂まで歩いていったような女だった。

内海　そのおばあさんの影響が、北沢さんのダイナミックな活動のなかに生きている……。ところで、御両親は？

北沢　母は強い祖母のもとで、とてもおとなしい人だった。佐賀出身の父は東京・越中島の商船学校をでて、大連汽船に勤めるようになったから、家族で大連に移ったわけ、だから弟は大連生まれの大連育ち。私は、小学校に入る時初めて大連に

居留地
明治時代の居留地は、長崎、横浜。神戸、東京築地、大阪川口にあった。新潟と箱館（現在の函館）には居留地があった。
　明治十九年六月の調査では、東京に居住する外国人は二〇一人、横浜の三九〇四人（十九年十二月三十一日現在）に比べると規模は小さいが、キリスト教の布教をかねた学校活動は活発に行われていたようで、築地明石町の基督大学校は、明治十七年には生徒を増募、教員も増やしている。

二・二六事件
一九三六年皇道派青年将校を中心に国家改造を要求したクーデター。

行ってね。梅津美治郎*が遠い親戚だったらしく、大連の家にきたことをかすかに覚えている。

内海　小学校はどこに入ったのですか。

北沢　満鉄の下級職員の子供たちが集まっている下藤小学校で、大連の下町にあった。みんな日本人、いやクラスに一人か二人、中国人がいたけれどわからなかった。クリスチャンの先生が多かったりしてわりかし自由な学校で、男女共学だったりしてね。

内海　当時共学だったんですか。

北沢　体が弱い子ばかりを集めたクラスがあったの。給食のためにいっしょにあつめたみたい。男の子から石なんか投げられたりして、うらやましがられた。

内海　北沢さんが弱かったとは信じられないですけど。

北沢　今でもそのクラスの人たちとは仲がいい。連帯感があったりして。その学校の時はよかったんだけど、六年の時にちょびっと行った学校が酷かった。老虎灘（ロウコタン）といって、山を越えたところが大連港だった。父が港の近くの下級船員養成の学校の教師になっていたから、そこに移ったけど、ものすごい軍国主義でした。

内海　敗戦から引き揚げ、いろいろなことがあったと思いますが。

北沢　敗戦後、はじめにソ連軍が入ってきた。父は船に乗っていたからいろんな情報が入っていて、南京虐殺も、日本が負けることもうすうす知ってたみたいで、むりやり船を下りたらしい。「殺される」と言ってね。父はエスペランチストで反戦的だったので、ソ連軍が入って来ることはどちらかと言えば歓迎していた。ロ

*梅津美治郎　うめづよしじろう（一八八二〜一九四九）陸軍大将、陸軍次官、関東軍総司令官、A級戦犯（終身禁固刑）

シア語を私と一緒に習いに行ったりしてね。でも最初にきたロシア兵がひどかったので、それもやめてしまった。そうこうするうちに、市の周辺に追いやられていた中国人が奪われた土地を返せと要求し始めてね。家はちょうど返還する地域にあたっていたから、家を出なければならなくなった。その後、三回引っ越したんです。明日寝るところがないなんていう体験もある。

内海　敗戦後、日本人が報復を受けた話はよく聞きますが、北沢さんの御家族はどうでしたか?

北沢　自分にはないけれど、女学校の友達で警察のエライ人の家族が殺されたみたい。彼女が丸坊主で男の子のようなかっこうをしてるのに偶然出会ったら、家族がみんな殺されたと言っていた。とにかくロシア兵や中国兵などが入り乱れていた大連で二冬過ごした。だから、たいへんだった。

内海　二冬もですか。ずいぶん引き揚げが遅かったんですね。

北沢　帰してくれないのよ。後でわかったんだけど、中国では父の勤めていた学校を技術者の養成のために使おうとしていたから、教員を帰さない。喜んで残った人もいたのよ。そこの校長は北大の水産学科を出た人だった。大連には昔の左翼の転向組がたくさんいてね、鉄道の沿線にいて延安*情報を流していた。それを日本語に翻訳をしていたのが鹿地亘*と池田サチさん夫妻、その情報を受け取っていた一人が父の学校の校長だった。父も反戦的だったのでリストに入れられて帰してくれなかった。だから悲劇。一度は帰国の許可が出た。二度目の冬の時にね。だから、残っていたかんづめやバターなんかみんな食べちゃった。ところが、いざ

延安
一九三七年以降、中国共産党の革命根拠地で抗日ゲリラの本部となった陝西省北部の町。

鹿地亘 かじわたる
（一九〇三〜八二）
戦前プロレタリア文学運動のリーダーで一九三八年上海に渡り、戦線を突破して重慶に入り、日本人民反戦同盟を結成した。

出発ということになった。お金はない、食べるものもない、燃やすものもない、その冬はつらかった。一日一食のこともあって、あんまりお腹がすいたので、紙まで食べた。いちばんまずかったのは、バラカスといって、大豆のしぼりかす、あれがいちばんまずい。コーリヤンなどまだおいしかった。

内海　留用ですね、中国の事情でのこされたのに、食糧の支給もなかったんですか。

北沢　何にもない、だから私はタバコを売ったりしたわよ。首からぶら下げた箱に煙草をいれて売り歩いたりした。

内海　アジアで今でもよく見かけるあの子供のタバコ売りですか。

北沢　まったくおんなじね。当時、私は十二、三歳でした。ただ、私は父と母が生きていたからよかったけれど、死んでいたら、中国残留孤児になっていた。今でも、肉親さがしの孤児を見ていると、当時の自分とだぶってくる。

中国人を「ニーイヤン」と呼んだ

内海　それで引き揚げは何月ですか？

北沢　四七年の三月ね。その時、船の中に、私たちをしごいた体操の教師がいた。彼は戦後いつのまにか共産党員になっていたの。労働組合なんて入っちゃって、船の中で人民裁判がはじまったけど、その先頭でキィキィいってるのがファシストだった小学校の校長で、やられているのが戦争中のファシストでソ連軍の下で共産党になった体操教師……小さいときにそんな教師たちを見てしまったから教師なんて尊敬できない。

内海　替わり身の早い人がどこにもいるものですね。

北沢　そんなの第三世界にもゴロゴロいる。昔、左翼で後に弾圧にまわった人なんて。カイロでもそんなのによく会った。

内海　その教師は戦後はどうしていますか。

北沢　全然わからない。大連にいた連中の集まりがあるみたいだけど行ったこともないから。昔は良かったなんていう連中なんかと会いたくもないし。

内海　懐かしまれるその大連には中国人もいたと思うんですけど、そんなことは、話にでないんですか？

北沢　そう、わからないわけ。植民地時代は日常的には中国人と会話していないわけではないのに、見えない。まったく意識のなかにないわけ。あとでカイロに行って少しわかったけれども、ほんとうにわかったのは、南アフリカに行ったときね。外から見ていると、何で南アフリカの白人は黒人を酷く差別しているのだろうと思うかもしれないんだけど、なかにいると見えない。自分たちが差別していることにまったく気がつかない。それとおんなじ。目の前の踏みつけにしている人たちがまったく見えない。

内海　アメリカの黒人をインビジブル・マン、見えない人びとという表現があるけれど、それとおなじですね。名前をもった個人、人格をもった人間として見えてこないんですね。

北沢　「ニーイヤン」と呼んでいたわね、中国人のことを。男でも女でも、子供でも大人でもみんな「ニーイヤン」なの、名前を知らないから。だから、南アフリカの黒人が「自分には名前がある、ボーイではなく名前を呼べ」と言ってることがよくわかる。大連ではわたしたちも中国人の名前を呼んでいなかったんだから。

内海　いまのアジアや第三世界で暮らす日本人も、名前ぬきの関係ですね。ボーイだったり、女中だったり、運転手だったりしても、名前で呼ぶことは少ない。関係のつくりかたが、実に植民地的だと思う。

そこで、引き揚げてからどこへ行ったんですか。

北沢　佐賀。そこで女性差別にぶつかったの。お風呂に先に入っておこられたり、洗濯のたらいも別、干すところも裏の日の当たらないところ。学校は、占領軍が強制的に男女共学にしたんだけれど、私に割り当てられた男子校は、ピケをはって入れてくれない。金持ちの息子なんて、全寮制の男子校に移ったりして。女は汚いって言って。そんなところだから、逆に女は情熱的で、私の叔母なんて駈落ちの常習犯でね、そんな叔母に影響を受けていたので、サロンのようなたまり場に出入りしていたんだけど、そこが共産党の巣だったの。その時に読まされた尾崎秀実の『愛情は降る星のごとく…獄中通信』（一九四六年）が、今でも私の原動力になっている。彼が獄中から娘にあてた書簡には、人に役立つ人になりなさいと書いてあってね。それには三つあって、教師、医者、革命家。私は教師はいやだし、医者になるには時間がかかる。だから革命家しかないかなと思っていた。

内海　その選択を今でも地でいっている。

北沢　うん、まあね。大きくは外れていないと思う。佐賀に三年いて、一九五〇年に神奈川県に出てきて横須賀の高校に入ったの。今度は米兵の日本の女への侮辱的な扱いに心が傷つけられた。

内海　一九五〇年といえば、朝鮮戦争が始まった年ですね。

北沢　当時、「パンパン」と呼ばれた女の人たちがいたでしょ。米兵も荒れていたから、女の人を海の中に放り込んだり、道の真ん中で抱き上げてキッスしたりしている。おもちゃですよ。そんなのを見せられて、同じ年頃の日本の女としてずいぶん傷ついた。だから、フィリピンで、女性の活動家なんかと会ったりしているそばで、日本の男たちがフィリピン女性をおもちゃのように弄んでいるでしょ、あれには彼女たちがずいぶんと傷ついていると思うと耐えられない。わかるのよ、似たような体験をもっているから。この間あんまりひどいから外務省に文句をいったらうちの管轄でないって、とりあわないの。

内海　そのあと、横浜国立大学の経済学部でしたね。

北沢　マル経*の牙城だったの、そこが。西の大阪市立大とともにね。全学連の武井昭夫*や安東仁兵衛*なんかに憧れていたけど、かっこ良かったから。『資本論』を読むとか、そんなことばかりではだめだから、長洲一二先生なんかが学風創造運動というのをやっていて「街頭に出よう」という動きがあった。農村調査や工場調査をやりはじめた。工場調査のほうは面白かった。ちょうど自動車の日産の争議*が始まっている頃だし、益田哲夫という労働組合の指導者が子安の工場にいてね。それに基地調査もやった。横浜港が私の担当だった。

内海　基地調査をどのようにやったんですか。

北沢　港湾労働組合の方から紹介されてね、そこに着流しのかっこいいお兄さんがい

マル経
マルクス主義経済学

武井昭夫 たけいてるお
（一九二七～二〇一〇）
一九四八年九月に結成された全学連の初代委員長。レッドパージ反対闘争をやる。五二年日本共産党除名。五五年復党、しかし、安保闘争を経て再除名。

安東仁兵衛 あんどうじんべえ
（一九二七～一九九八）
一九四八年共産党入党。五一生東大ストで退学処分。のち、社会党構造改革派のブレーンになる。『現代の理論』編集長（八九年まで）。著書に『戦後日本共産党私記』がある。

日産の争議
一九五三年、「全自」と呼ばれた左翼系労組が自動車産業の本格的再編をめざした日産資本の合理化に反対した大争議。

た、元左翼の。自分は革命を裏切ったからといって、沖仲仕の手配師みたいなことをやっていた。そのお兄さんが、協力してくれてね、「おい、お前ら、この学生さんたちに協力しろ」なんって言って。そこで、基地の支配の構造がよく見えた。米軍の基地といってもね、その下に三井倉庫があってその下に「ぷうたろう（風太郎）」とよばれた日雇いの労働者たちを牛耳るヤクザがいる。地方から流れ込んで来た人たちが、日雇いとしてその構造に組み込まれていくわけ。

それに、横浜国大の経済学部が横浜の寿町の近くの清水が丘にあって、その下は南太田という巨大スラムでね、そこでのセツルメント活動などを手伝ったりしていた。当然、そこには朝鮮人も多くいてね。

内海　黒沢明の『天国と地獄』の舞台になったスラムですね。寿町は、私も学生の頃出入りしていたことがある。ちょうど、寿町に自治会をつくろうという動きがあった。寿町のドヤの所有者に韓国人がかなりいた記憶があります。民団（在日本大韓民国民団）や総連（在日本朝鮮人総連合）の支部もあった……。

北沢　映画のことはわからないけど、朝鮮人の居住地域がいくつかあった。鶴見川の改修工事に連行されてきた人たちで、私が今住んでいる綱島にも総連の拠点があって、その頃から朝鮮人とのつながりができてきた。逗子市が池子の弾薬庫をつくるときに朝鮮人を連行したのではないのか、その調査を、最近、市でやるように提案したの、市議会で否決された。その時、いろいろ差別発言があって問題になったけど。その提案を出そうと言ったのは、実は私なの、だからいま、私はカンカン。

カイロへ

内海　佐賀で抑圧されていた分も含めて、学生時代は目いっぱいに活動し勉強した……。女子は一人だったというし、就職はどうしましたか。

北沢　それがないの。朝鮮戦争後の不況で、就職難。仕方がないから、日中輸出入組合、日本と中国のバーター貿易の調整機関のようなところに就職した。調査部に配属されたの。それまであまり中国にかかわりがなかった。いやだったのね。どうしても大連にいたことを言わなければならないし、岸陽子さんのように、お父さんが満州で知事をやっていて戦後戦犯として処刑された人だと、また思いがちがう。彼女は中国に行ったとき、周恩来と和解の印にダンスを踊って、お父さんのお墓参りもしてきたようだけど、私の場合はそれほどえらいわけでもないし、とにかく中国にかかわらないできた。

内海　それでカイロへ。

北沢　朝鮮戦争が終わり、インドシナ戦争も終わっていたけど、アルジェリアでは独立戦争をやっていた。東京の狸穴にアルジェリア解放戦線の事務局があった。日本でもＡＡ（アジア・アフリカ）連帯の組織ができて淡徳三郎*が、その事務局長をしていてね。その頃のＡＡ連帯の組織には、園田直、北村徳太郎、藤山愛一郎など、後の自民党のＡＡグループがいて、そこで、私の尊敬していた池田サチさんから、カイロにできたＡＡの書記局で働かないか、男はだめだけどあんたならやれると言われてね。サチさんは日中戦争中、前線を突破して重慶に逃げて反戦

*淡徳三郎　だんとくさぶろう（一九〇一〜七七）三高在学中から学生運動に入る。二六年学連事件、二八年の三・一五事件で検挙される。クロポトキンの『フランス革命史』などを翻訳。三五年「大孝塾」の海外派遣員として渡仏、改造社欧州特派員。ソ連抑留後帰国、アジア・アフリカ連帯委員会事務局長などを努める。

放送をやっていた人ですよね。戦後帰ってきたら戸籍が抹消されていたという、すごい女性。その人に言われた。それに淡徳三郎、戦前のリベラルな左翼の典型、アナーキストかな、かれは、パリに亡命していて、パリ解放と同時に、シベリア経由で日本に帰ろうとして、ソ連に捕まってハバロスフクで重労働をやらされていた。だから、アンチ・コミュニストというか、アンチ・ソ連だった。その人もＡＡにいてね。

内海　当時の平和運動は、共産党の影響が強かったと思いますが、それと、自民党系の人をも巻き込んだＡＡ連帯の運動とはどういう関係にあったんですか。

北沢　当時の平和運動は、反原爆、核実験反対を中心にやっていたから、アメリカとソ連が地上の核実験を停止することに合意してしまうと、敵が見えなくなって、今度は内部分裂を始める。平和運動が反帝国主義であることが見えていなかったように思う。帝国主義や植民地支配に反対し、近代文明を問い直す民族独立運動を闘っている第三世界の活動家にとっては、それと結びつかない平和なんて考えられない。

内海　日本での平和運動は、その意識が希薄だということです？

北沢　そのことが、カイロに行ってみてよくわかった。そこで、私は第三世界の民族主義とぶつかったわけ。これまで、イデオロギーというスクリーンを通して見ていて、正義か不正義かということをあまり見ていなかった。カイロで『資本論』を読みなおしてみたら、マルクスは、資本主義勃興期の児童労働や女性労働などのむき出しの搾取に怒っているわけ。日本のマルクス学者はそういうところを見ずに、こむずかしい理論ばかりを問題にしている。植民地支配をうけることの痛みがなんにもわかっていない。これは、日本ばかりでなくフランス共産党もおんなじね。

フランスがプロレタリアの国になれば、自動的にアルジェリアも解放される。独立なんて言わないで、フランス共産党の指導の下にいろ、いま独立したって、プロレタリアが育ってないからプチブルが権力をとるだけではないか。そんなことを言っていると、アフリカの人たちはかれらのインチキ性がみんなわかるわけ。そんなのが原水禁大会にフランス代表で来て、いばっているの。日本はそんな人間を大事にしているわけ、なんにもわかっていないから。

内海　植民地問題というのは、宗主国の共産党にとってはもっとも弱いところではないですか。民族の痛みということが、なかなかわからないから、どうしても理論で考えよう、理解しようと問題をこねくりまわして、かえって見えなくなってしまう。日本にとっては、朝鮮人の支配された痛みをどうわかるかという問題になってきますね。

北沢　不正義が糾されるということがどういうことかわかっていない。それに日本は、天皇の「命令」で植民地を手放している。イギリスでもオランダでも植民地を手放す時には、戦争をやったり、いくどもいくども手痛い日にあっているから、植民地を失うことへの痛みがあったのに、日本にはそれがないから、なかなか植民地問題がわからない。

内海　「ポツダム宣言」を受諾して、植民地を手放し、連合国がそのあと占領しているから、日本は朝鮮支配の終焉に自覚的に立ち会っていないですね。一部の人を除いて。

北沢　だから、戦後補償は日本人が具体的に自分の懐を痛めて金を払うことによって、少しは痛みを分かちあうことが大事なのであって、国が払ったからそれで終わりという問題ではないと思う。日本がダメなもう一つの原因は、高度成長の好運がある。周辺に人口密度が高く、教育程度も高いアジアの国々があった。だから、工場を海外にだしてそこで低賃金で労働者を使ってきた。ところが、ヨーロッパはアフリカに工場をだす条件がなかったから、外国人労働者を国内にいれてきた。第三世界を内在化せざるをえなかった。だから、はやくから、第三世界の問題に直面してきた。日本はいまようやくこの問題にぶつかっている。

内海　ぶつかって今どうしていいのかわからない…入れるか入れないのか。政府はなかなか解決策が見いだせない。日系人や研修生という形で受け入れて、必ず帰ることの保障と日本に残った場合でも戸籍で日本との「血」のつながりを確認し血統として「日本人」であることの保障を取り付けようとしている。第三世界の内在化とはほど遠い。現実はずっと進んでしまっているのに。

北沢　この外国人労働者の支援運動は広く巻き込んでやらなければダメね。さきほどの植民地体験の話だけど、日本は植民地を長い時間をかけて痛みをもって手放していくプロセスがなかったから、日本人が腐ってくる。わからないのよ。だから、インドネシアで女子労働者を殴ったり蹴ったりする問題がおきてもよくわからないのね、日本人はもともとアジア、第三世界の人を人間だと思っていないんだから。大連のときのことを考えるとそれがよくわかる。

内海 大連とカイロ、南アフリカの体験が、北沢さんのものの見方に決定的な影響を及ぼしていることが、話のはしばしでよくわかります。日本だけではなく、世界の左翼運動、とくにヨーロッパの左翼運動の指導者や第三世界のリーダーたちとのつきあいも多いようですが、北沢さんのその人たちへの思いを聞かせてください。

北沢 カイロは今でいうＡＡ連帯の組織部にあたるので、多くの第三世界の活動家もみてきた。彼らの堕落の仕方も実にダイナミックで、また早い。帝国主義の恐ろしさというのを見せつけられた。心は白人で、肌は黒いというインテリを養成しても、それが新植民地主義反対なんて言いだすと、そんな人はかんたんに暗殺されている。フランスは、「マン・ルージュ」（赤い手）という暗殺部隊があって、ベン・バルカ*なんて切り刻まれて地中海に捨てられたという。死体も出てこないんだから。その人たちと一緒に活動していて、女であることの悔しさがだんだんなくなってきた。とくに南アフリカに行ってからね。女だから逆に差別される者の痛みが少しはわかるし、植民地問題が見えてくる。それに、差別されないですむ。むしろ、日本に帰ってきてかえってカルチャーショックをうけた。

内海 日本に帰ってきて、それでアジア太平洋資料センター（ＰＡＲＣ）に参加するまでのことをお聞きしたいのですが。

北沢 みんな変質してしまっていて、天下国家を考えていないし、やることが瑣末でおもしろくない。私としては、カイロで目から鱗が落ちて、第三世界派になって

*（マハディ・）ベン・バルカ（一九二〇〜六五） モロッコの民族主義者。一九六五年、亡命中のパリで誘拐され、暗殺された。

いたから、第三世界のことをやりたかった。そこで、『アジア・アフリカ解放通信』というのを出版しはじめた。ガリ版で。それに、ベトナムとの出会いもあった。それが、英文『ＡＭＰＯ』編集に参加することになり、武藤一羊さんたちとＰＡＲＣをつくることになった。

ベトナムの解放戦線は、誰もが闘っていた。南アフリカとおなじで、指導者をつくらない闘いをやっていた。それには人びとの意識を変えることが必要で、それが文化闘争であり、意識を変えることなく革命はできない。自分自身を変え、相手との関係を変える。なぜ、自分が奴隷なのかを考え、自分がすぐれていることに気づかせる。それが、平和共存の時代の革命のありかたね。

いま、南のＮＧＯが北を変えようとしているでしょ。そのことが重要で、多国籍企業に牛耳られている市場経済がどんなに酷いのかを身をもって体験している南の人たちが、いま、世界を変えようとしている。南のＮＧＯの挑戦を今、私たちが受けている。私たちはオルタナティヴェな生き方をメインカレント（主流）にしなければならない。いつまでもオルタナティヴェといっているようではだめね。

内海　冷戦構造が崩壊した中で、南の民衆が、解放をもとめ、現状の変革をしようと、いろいろな闘いをしている。抑圧されている民衆が、自らを変え世界を変えようと、南アフリカで、イスラム圏で闘っている。私たちはそうした運動の挑戦をうけている。その答えを模索するのも、この雑誌『オルタ』の目指すところとも重なると思います。今日はどうもありがとうございました。

3
板門店で“アメリカ”が見えた

鄭敬謨

鄭敬謨さんの日本の論壇登場は衝撃的だった。1972年、「出入国管理法」改悪反対の運動ただなかに『ある韓国人のこころ 朝鮮統一の夜明けに』(朝日新聞社)が刊行された。これまでの在日朝鮮人韓国人とことなる朝鮮人に出会った思いだった。アメリカで学び、板門店の休戦会談で通訳をしていた鄭さんには、朝鮮、日本とアメリカがその視野に入っていた。

激動の韓国から半ば「亡命」のような形で日本に居住していた鄭さん、その東京から1973年8月8日には韓国大統領だった金大中氏が拉致されている。

在日と異なる立ち位置から朝鮮統一を語り、文益煥師との共和国訪問を実現している。朝鮮への熱い想いは最後の著作となった『歴史の不寝番（ねずのばん）「亡命」韓国人の回想録』（鄭剛憲訳 藤原書店）まで、一貫していていた。

その鄭さんの想いを受け止めきれずいた私は、渋谷の『シアレヒム』の事務所で時折お話を伺うことしかできなかった。その反省もこめて鄭敬模さんの熱い想いをお届けしたい。　(U)

父の「おまじない」の中で

内海　一九七〇年の鄭さんの『ある韓国人のこころ』を拝読し新鮮な驚きでした。これまでの在日朝鮮人の運動や話とことなる新しい韓国人の視点からの問題をつきつけられた思いでした。

鄭　私が生まれた一九二四年という年が朝鮮人にとってどういう年であったか、というところから始めたほうがいいかもしれない。三一独立運動*が起こったのが一九一九年。その十年後、一九二九年には光州学生事件*が起こった。その中間あたりの時点が私が生まれた時なんです。あの頃の朝鮮人社会はものすごく民族感情が高揚していた。もちろん小学校に入る一九三一年には満洲事変が、中学校に入った一九三七年には「日支事変」が、そして中学の卒業を目前に控えた一九四一年の十二月には真珠湾攻撃があり、慶応大学の予科を出た年が「解放」の年で、いわば歴史の転換点であったのですが、その後アメリカに行き大学院に入った年（一九五〇年）の六月に朝鮮戦争が始まりました。戦争の時代を生きてきたようなものです。

私が生まれたところは永登浦です。今は、あそこはソウルのど真ん中で繁華街ですけど、私が生まれた頃は半分がお百姓さんで、半分はその頃でき始めた日本人の工場の職工たちだった。私が生まれたとき、親父は牧師をしていた。親父は

三・一独立運動
一九一九年三月一日を期して始められた朝鮮近代史上最大の反日独立運動。運動はソウル、ピョンヤン、大坪、開城などの大都市で始められ、特にソウルではパゴダ公園での独立宣言書の朗読の後、数万人が参加するデモが行われた。運動は三月中頃からは朝鮮全土に拡がり、これに対する日本政府の弾圧は厳しかったが、その後の内外の抗日運動に大きな影響を与えた。

光州学生事件
一九二九年十一月から翌年の春にかけて、全羅南道光州を中心に全国的に展開された反日学生デモ。

その後、思うところあって牧師をやめて、味噌や酒を仕込む大きなカメをつくる工場を始めた。父はそれこそ『プロテスタンティズムの倫理と資本主義の精神』*を地で行ったような人でした。酒もタバコもやらず爪に火をともすような生活をしながら、当時の朝鮮人社会では必ずしも尊敬されることのなかったカメ造りの仕事を、いわば自分の天職（ベルーフ）として励んでいたんですね。父は両班意識の強い人でしたが、両班はカメ造りのようなことをしてはならなかったのです。

ともかくそんなお陰で、私はあの当時の朝鮮人の子としては珍しく、極端な貧乏は知らずに育ったんです。小学校に行く前に親父が私のために幼稚園もつくってくれた。

内海　それはキリスト教教育の…？

鄭　形の上では教会附属になっていて、もちろんキリスト教の教育でしたが、父の民族主義もその中にあったと思います。でも、親父の意図とは裏腹に、朝鮮語で桃太郎の歌を歌わされたりしましたね。でもそれは例外で、唱歌をたくさん教えてくれました。「私は小さなホーセンカの種。黒い実が独りではじき出され、暗い土の中に埋もれるのは、春になって青い芽を吹きたいから」という、今でもよく覚えている歌は、幼稚園で教わったものです。

その幼稚園がなぜ私にとって意味があるかというと、その幼稚園の名前が興化幼稚園であったということです。一九〇五年に日韓保護条約が結ばれたとき、それに抗議して割腹自殺をした人がいた。閔泳煥という人で高宗皇帝の侍従武官をやっていた人です。その人が生前、朝鮮人の民族主義の高揚のために建てた学校

植民地奴隷教育制度撤廃を訴え、約六万人が参加した。

『プロテスタンティズムの倫理と資本主義の精神』　マックス・ウェバーの著作

が私立興化学校だった。私の親父はそこから興化という名前をとってきたんだと思う。親父から一度もそうだと聞かされたことはないけど、そうだとしか説明のしようがない。もう一つ付け加えると、興化学校は呂運亨*先生の学んだ学校だったということです。最も尊敬する民族主義者として私が自分の人生の羅針盤のようにしてきた人物です。呂先生は私の父よりかなり年上の人ですが、しかしピョンヤンの神学校にはほぼ同じ時期にいらしたように思われます。呂先生もそこで神学を学んでおられました。気がついてみると、父は私に何か不思議なおまじないをかけ、私はこの年までそのおまじないの「束縛」の中で生きてきたような気がするのです。

親父はクリスチャンであり、民族的思想の強固な人だった。普通、人は小さいときは親父が一番偉いと思うものですが、年とってからも親父に対する崇拝の気持ちを持つのはかなり難しいことですよね。私の場合は、自分が死ぬ日まで父親が到達しえた人間としての高みには到底達しえないだろうという畏敬の念が今もあり、そんな父親を持ったということはほんとうに幸せなことでした。

内海　牧師をやめられて、実業の世界に身を投じ、牧師としてやりたかったことを別な形でなさったのですね。

日帝下で聞かされた「出エジプト記」

鄭　小学校に入った年が三一年。その年の九月十七日に満洲事変が起きるわけですね。その年の冬あたりから、完全武装した日本の兵隊さんが釜山から汽車に乗っ

***呂運亨** ノ・ウニョン（一八八六〜一九四七）朝鮮の独立運動家。一九一四年中国に渡り、一九年、三・一独立運動に際して大韓民国臨時政府樹立に参加。同年来日し、朝鮮独立を主張した。四五年の解放後は朝鮮建国準備委員会を結成、九月には朝鮮人民共和国を樹立して副首席となる。社会主義者として祖国の復興に力を注いだが、四七年李承晩に暗殺された。

て来て、駅ごとにとまる。それはもちろん朝鮮人に対する威嚇行為だった。日本人の奥さん方が、かっぽう着を着て、たすきをかけてお茶の接待をしてね、我々は日の丸を持たされて駅に駆りだされ、意味もわからない「テキハイクマンアリトテモ」の軍歌を歌わされましたよ。

　父の工場には焼き物をつくる職人さんたちが大勢いました。いろんな人がいましてね、なかには、一九〇五年の保護条約のあと、朝鮮軍が解散に追い込まれるまでそこにいたという、いわば「最後のラッパ手」という人もいました。義兵*をやったという人もいて、山道を登ってくる十七人の日本の騎兵をねらい撃ち、全員をうちとったという話をどれほど胸をときめかしながら聞いたかわかりません。だから満洲にでかけて行く日本の軍隊に対して敵愾心を抱いておりましたよ。全ての子どもがそうであったわけではないでしょうけど。

内海　ラッパ手だった人の話は興味をそそられます。

鄭　親父の宗教であるキリスト教ですが、日曜学校では「出エジプト記」をよく聞かされる。エジプトで奴隷であった自分の民族をひきつれてモーゼがエジプトから脱出する。奇跡がおきて紅海が二つに割れて、紅海を渡る。エジプトの兵隊があとから追っかけてくるが、その瞬間をとらえて神が海をもどす。それでエジプトの兵隊はおぼれてしまう。そうして結局はカナンの地に入る。それを日曜学校ではくり返し、くり返し聞かされる。

　あのときの朝鮮のキリスト教からすれば、新約よりも旧約が、その中でも「出エジプト記」が大事なものだった。キリスト教というのはもちろんアメリカの宣

義兵
　一九〇五年に締結された保護条約によって、大韓帝国は日本の「保護国」となり、独立国家としての地位を失った。日本が大韓帝国に強硬におしつけたこの条約に対し、各地で反日の運動が高まり、義兵闘争が始まった。

教師がもってきた外来のものですが、朝鮮人はそれを自分自身の宗教として受け入れた。今のモーゼの話にしても、我々は何千年も前のよその国の話だとは思わなかった。エジプト人というのは日本人ですよ、エジプトのファラオというのは日本の天皇だった。神の偉大なるみわざでもって敵の手から解き放たれ、我々はいつか約束の土地に入るんだということがキリスト教の信仰でもあったし、朝鮮民族主義の信仰でもあった。その二つがいわば相乗作用を起こし、強烈なイデオロギーになった。べつに日曜学校で、ファラオは日本の天皇だとか、エジプト人は日本人だとかは何もいわないですよ。それでも子ども心にもそれは実によくわかった。アメリカ人からすると、日露戦争を境に日本とアメリカの国際関係はものすごく険悪化してきていた。そうすると宣教師として来たアメリカの人たちは、やっぱり日本に対する憎しみがあったわけです。アメリカの宣教師たちの反日感情、我々の反日感情、それを結ぶキリスト教の旧約聖書。

内海　アメリカの反日感情と朝鮮人の反日感情は質的に違いますよね。質的に違うものがキリスト教を媒介として一体のものとなった。

鄭　もうちょっとそのあたりのことに関するエピソードを言いますとね、一九三五年、私が小学校の五年の頃から、毎月一日と十五日には神社参拝をやらされるようになった。東方遥拝というのも始まった。もちろん私はクリスチャンだから神社に行ってもお辞儀はしないですよ。東方遥拝のときにもそのまま突っ立っている。それが学校で大問題になった。

小学校以来、大学を出るまで、この人こそが自分の人格形成に決定的な影響を与えてくれたという意味での師というのは私にはいないですけど、いるとすれば、その小学校の担任の先生で、李康敏という名前の先生です。心のやさしい、優秀な先生で、彼は困りはてて、おまえはどうしても神社参拝はできないのかと聞くの。すると私はクリスチャンですからできません、と父から教えられた通りのことを言うわけですよ。彼も困ってしまってね、東方遥拝というのは生きている人にお辞儀をするんだから、前にいても遠くにいても生きている人間だからお辞儀ぐらいしてもいいじゃないか、その代わり神社参拝のある一日と十五日はお前遅刻しろと。そんなふうに先生と小学校五年生が妥協したわけですね。

小学校六年になって、翌年は中学校にいかなくちゃならない。そのときは神社参拝問題でものすごくキリスト教が迫害された時期です。中学に行けば神社参拝はやらざるをえないわけね。とにかく名門といわれた第一高等普通学校（京畿中学）の試験を受けてみろと、一応優等生ですから。そうしたらまぐれ当たりだったのでしょうか、受かった。あの学校に受かるというのは大変なことだった。

四月の一日が入学式だった。四月十五日に朝鮮神宮参拝がある。その日が迫ってくるわけ。まだ、子どもでしょ。それでしょうがないから親父の顔を見るわけです、親父はさけるわけよ、私と目があうのを。親父にしてもそうでしょ、やるなとは言えないし、やれとも言えないし、だからその判断を私に任せるわけよ。いよいよ十五日がやってきた。中学には配属将校というのがいる、陸軍少佐を頭に三人くらいいましたよ。准尉もいた。ラッパを吹きながら、軍隊行進をしていく。朝鮮神宮の前に並ぶ。最敬礼！　という号令がかかる。もし、しなければ私だけじゃない、一家がめちゃくちゃになったでしょう。こわかったのです。そしてくずれ落ちるみたいにお辞儀をした。その瞬間ひとりの少年の魂が死ぬんですよ。

内海　拒否という行動がとれなかったから、逆に心の傷も深かったんですね。

鄭　あの学校はいわゆる「皇民化教育」の実験台のようなところで、京畿中学での五年間は私にとっては地獄、刑務所暮しと変わらなかった。一年のときの担任が平間という名前の歴史教師でしたが、そいつの教える歴史の時間には、例えば「わが国と新羅」という言い方が用いられ、クラスの子どもたちも何の抵抗もなしに教師と同じ言い方をするのです。日本が「わが国」で、新羅は外国です。ある日何か油紙のようなものを渡され、その上に「皇国臣民の誓詞」を毛筆で清書してくるように言われたことがありました。毎朝お題目のように諳誦させられる「我らは皇国臣民なり」のあれです。清書されたものは国旗掲揚台の下に埋められ、永久に保存されるが、それでお前たちは陛下の赤子、栄えある日本人となることができる云々の訓辞を垂れておりました。そのときのあの平間という奴の傲岸尊大な顔と声は、半世紀が過ぎた今でも忘れることができない。

学校生活が苦痛であったから、英語も数学も劣等生だった。私のような劣等生が落第もせずにどうやってあの「名門校」を卒業することができたのか、今もって不思議なのです。卒業のときの軍事教練が五三点で、その点数では朝鮮内ではどこの学校にも行けない。それでしょうがなしに日本にきて、一年間浪人をしてから慶応に入った。あの頃の慶応にはまだリベラルな一面が残っていて、教練が五三点の私を入れてくれた。

ソウルで「玉音放送」を聞いた

内海　慶応大学医学部に入学したのは日帝下、それも戦争末期、医学部だと徴兵は免除だった？

鄭　慶応に入った一九四三年（昭和十八年）が朝鮮人徴兵検査の最初の年だった。ちゃんと合格したんですよ。普通だったら戦場に行かなくてはならなかったけれど、あの時は医学部と工学部だけは兵役が免除されていた。だからあの時の慶応大学医学部の競争というのはすさまじいものがあった。入るか、入らないか、それは生きるか死ぬかの分かれ目でしたからね。

内海　戦争中、日本にいらしたことになりますね。空襲のときは？

鄭　三月十日（一九四五年）の大空襲も見てますよ。私は慶応の校舎がある日吉にいましたから。そこが今私の住んでいる女房の実家です。

内海　そのときからのおつきあいなんですね。

鄭　毎日、毎日、Ｂ29がくる。ある日、ソウルの親元から手紙がきた。手紙のなかに東京から博多までのキップがはいっている。あのころは日本でも入手できないものですよ。いつでもいいから水曜日の午前十時までに雁ノ巣（今の板付）に行けば、飛行機がソウルまで乗せてくれるというんです。その時はもう船は通れなかった。その時、慶応も廃校状態だったし、日本が敗戦をむかえることも目に見えていたので、親の言う通りにソウルに帰ることにした。ここは小説を地で行くような場面ですが、女房の千代子の嘆きと悲しみ方には実に実に胸の痛い思いをした。彼女は私を駅まで見送る気力もなかった。

東京駅から満員の汽車にのって博多まで行って、一晩そこに泊まった。その晩、博多は大空襲、命からがら逃げて、朝早くから雁ノ巣まで歩いた。あの時、博多の海はきれいだったな。十時になったら飛行機がきたんです。一週間に一度だけソウルと博多の間を飛んでいた軍用の連絡機でした。そのパイロットを家で買収したわけです。それが六月です。

内海　それで、「玉音放送」はどこで聞いたんですか。

鄭　それはソウルでした。なにを言っているのかわからないけれども、日本が負けたというのはわかった。その時、親父がひざまずいてお祈りをして、神の恵みでアメリカ軍をよこしてくださって、日本から解放された、神の御使いであるアメリカ合衆国に祝福をと、親父は祈っていた。人生を振り返っても、あの時の魂をゆさぶるような歓喜は、あの時一回だけ。言葉ではいいつくせない。その歓喜が無残にふみつぶされていく。

内海　アメリカ軍が南朝鮮に進駐する前に朝鮮人の手で朝鮮人民共和国*の建国が宣言されますね、あのころのことはご記憶ですか。

鄭　そのとき呂運亨先生の住んでいた隣の町、苑西洞というところに私たちが住んでいた。非常に近いところにいたから、彼がやっていた建国準備委員会の活動や、先生の姿は見ていました。お訪ねして、何か役にたつことがあれば使ってください、と言ってもよさそうな年でしたが、それもしなかった。

朝鮮人民共和国
一九四五年九月、アメリカ軍のソウル進駐直前に朝鮮人民自らが樹立を宣言した共和国。朝鮮建国準備委員会のよびかけに応じて、全国人民代表者会議がソウルで開かれ、樹立が宣言された。その施政方針では農民への土地分配、言論の自由、男女同権などがうたわ

内海　アメリカ軍政庁が人民共和国の否認声明を出しましたが……。

鄭　正直いってあれがなんなのか、当時の私にはよくわからなかった。あの時はアメリカというものを私がまだ見抜いていないから。あのアーノルド声明＊、今は腹わたが煮えくりかえるような怒りを感じますよ。しかしあの時は私は知らなかった。とにかくアメリカに行きたかった。アメリカという国はそれほどあこがれの国だった。

ＧＨＱで働きながら

内海　アメリカは「解放軍」として日本でも受けとめられたし、朝鮮でもそうでしたね。それに日帝に対する憎しみの裏返しとしてアメリカ幻想は強かったのでしょうか。

四七年に伝手をたどつてアメリカ、エモリー大学の文理科ですね、そこでまた全然専門が違う所に入られた。むこうでは本当に苦学？

鄭　いや、苦学はしなかった。そこもね、神がかり的に言えば神の摂理、親父がまず病気で倒れた。それに私自身が結核で療養所に入った。家からの仕送りはもうこない。そのつぎの話がまったくウソみたいな奇跡でね、私は李承晩＊に真心をこめた長い英文の手紙を書いたの。そうしたら三〇〇ドルが送られてきた。その三〇〇ドルは李承晩から連絡を受けた親父が当時の安いレートのウォンを渡し、それをもとに大統領夫人フランチェスカの銀行口座から振り込まれたものです。その後、李承晩大統領の世話で留学生に与えるスカラーシップ（育英資金）を貰

れ、人民からは強い支持を得たが、アメリカ軍政長官アーノルドの否認声明とそれに続く強硬な弾圧によって壊滅させられた。

李承晩　イ・スンマン（一八七五〜一九六五）　大韓民国の初代大統領。独立運動に参加して一八九八年投獄され、一九〇四年出獄後に渡米。一九年上海で大韓民国臨時政府の大統領におされたが、二五年免職される。解放後の四五年十月に帰国、親米反共主義者としてアメリカ支援のもとに四八年大統領に就任した。朝鮮戦争後、アメリカからの軍事的経済的援助に支えられながら独裁体制確立をはかり、反対派を弾圧したが、アメリカの援助が削減されるなかで国民の抵抗運動にあい、四・一九革命で退陣に追い込まれた。

うことができて、不自由なく勉学を続けることができた。個人の立場からすれば李承晩大統領は私には恩人なのです。

ところが、大学院にいったらその年の六月二十五日に戦争が起こった。しばらくしたらその時の韓国の駐米大使であった張勉氏から連絡がきた。「新生の祖国」が存亡の危機にあるから、直ちに学業を中止し東京に飛べという指令です。彼に言われたとおりアメリカの飛行様に乗せられて東京にきた。中国軍が介入したということが新聞に報道されたころでした。

そういうわけで東京に戻り、五年ぶりに千代子と再会をとげるわけね。翌年（一九五一年）の夏、彼女と結婚することになるのですが、キリスト教式に式をとり仕切ってくれたのが私と一緒に北を訪れた「罪」で今獄中にいる文益煥牧師で、彼との出会いをまず話さなくてはならないでしょう。

東京に着き、与えられた部署のＧＨＱの事務所に顔を出したら、そこにはソウル大学の総長とか、文教部の長官とか、韓国社会の一流の名士たちがそろっているんですね。もちろん私のように大学から駆り出されてきた留学生たちもいて、その中にプリンストン大学で神学を学んでいた文益煥牧師がいたのです。その時なぜこういうエライ人たちや私のような留学生が動員されて東京まで連れてこられたのかわからなかった。

つい最近ブルース・カミングスの書いたものからわかったことなんだけど、当時アメリカ軍はいつ朝鮮半島から蹴落とされるかわからない。そんな時はもう一度朝鮮に上陸しなくてはならないが、李承晩政権はすでに崩壊しているかも知れないし、再上陸をアメリカに要請する傀儡政権の樹立が必要だったというのです。その傀儡政権の要員としてみんなが集められてきた。サモア島にそれをつくる予定だったというのですね。

内海　GHQのどの部門に配属されたんですか。

鄭　ATISという所で翻訳の仕事をしました。アライド・トランスレーション・アンド・インタープリテーション・セクション。そこに文益煥牧師と一緒にいた。韓国で過去二十年間、絶え間なく民主化運動の中心であり続けた人で朴炯圭牧師（ソウル第一教会）という方がいるのですが、彼もまたセクションは違いますが当時GHQの仕事をしておりました。

話を結婚のことに戻します。今の女房との結婚については、それこそ心が千々に乱れるような苦悶にさいなまれました。私のような民族主義者が、いかにいとしい人ではあれ日本人の女性と結婚するというのは、そうたやすいことではなかったのです。その悩みを文益煥牧師に打ち明けたのです。彼からは一喝された。何を馬鹿なことをぬかしているのか。我々の民族主義はそんなに偏狭なものではなく、お前が今感じている人間としての素直な情念を拒むことは、神を裏切ることとなんだとも言われた。そんないききつを経て結婚をしたわけです。文兄が牧師として式をとり仕切ってくれました。

結婚のあと、私はまた別のことで心が安まりませんでした。自分の民族がこうまで無残にアメリカに踏みにじられているのに、そのアメリカ人から高給を与えられ、当時どんな日本人にしても手の届かなかった自家用車を乗り回すような生活におぼれているお前は一体何者なのかという自責の念です。これは違う。こんな生活があっちゃいけない。そこで私はもう一度、旧約聖書に書かれたモーゼのことに戻るわけです。モーゼはユダヤ人の子ですけど、故あってエジプト王女に拾われ、ファラオの宮殿の中で育った王子であったのです。そのようなことを恥じたモーゼは宮殿を抜け出し、奴隷に落とされていた自分の民族、ユダヤ人のもとに帰るのですね。

アメリカ軍のテントで読んだ『長征』

そのうち破門店に派遣されて休戦会談に参加する。今モスクワに亡命していて、反北キャンペーンに血道をあげている李相朝や、今は故人ですが南日*といった人たちがアメリカを、机を叩きながら叱りとばすわけですね。おまえたちはなんの権利があってよその国に来て勝手な戦争をしているのかと。アメリカのこれに対する反論は、要するに屁理屈なんです。そこには韓国軍の代表も来ていましたが、その場にいれば、いずれが民族の良心を代表し、いずれが傀儡か、説明がいらないわけ。

その板門店での休戦会談には、たとえば彭徳懐*という人もたまには顔を出していましたが、そういった中国人がなぜここに来ているのか、はっきりはわからなかったのです。そう思って、アメリカ軍のテントの中で初めてザ・ロングマーチ、つまり日本語で『長征』ですか、あれを英語で読み始めたんです。目覚めの始まりの頃です。

彭徳懐 ほう・とくかい（一八九八〜一九七四）中国の軍人。一九二八年、中国共産党に入党後、紅軍の第一人者となる。朝鮮戦争では人民志願兵をひきいて作戦を指揮。五九年毛沢東の大躍進運動に反対したことを批判され、失脚し、悲惨な死をとげた。

内海　休戦会談に参加して、アメリカの本質が見えてきたわけですね。

鄭　そう、そこでアメリカの軍服をまとって、板門店勤務をしたという原体験がなければ、今日のような考え方の鄭敬謨はいないです。

　板門店には一九五六年までいました。そこをやめて韓国に帰ったのです。一九七〇年、本国での生活をあきらめて日本に戻るまでの十四年間、私は女房と子どもを置きっぱなしにしたままチョンガー生活をした。落ち着いたら家族を呼び寄せるつもりでいたわけでしたが、韓国の社会を見れば見るほど、ここに子どもを連れてきて育てるわけにはいかないという思いがつのってくる。要するに二十歳になったら徴兵にとられて機関銃を持たされ、三十八度線に立たされるわけでしょ。どうしても子どもたちにそんなことをさせるわけにはいかなかった。

　この十四年間、まあいろいろなことがありましたが、どん底の貧困もいやというほどなめさせられたあげく、それこそ尾羽うち枯らして女房の実家に戻りました。「男子四十にして聞こゆるなきは畏るるに足りず」とは孔子の言葉ですが、あの頃は英語の翻訳でやっとメシを食いながらほんとに惨めな思いでした。でももう一度ウソのような奇跡が起こります。最初の著書が朝日新聞社から出版され（『ある韓国人のこころ』）、それがきっかけとなって、少しばかりは日本で「聞こゆる」ようになったのです。四十も半ばを過ぎてからのことでしたよ。

　李承晩との縁はとっくに切れておりました。私が日本の女性と結婚したというのでいわば勘当されていたのです。すごく怒ったらしいのです。私も私なりに、例えば一九五一年、居昌で住民虐殺事件*が起こったようなことで次第に李承晩に

住民虐殺事件
　一九五一年、慶尚南道居昌郡で、韓国軍が、北朝鮮軍との内通を口実に住民を集団虐殺した事件。

愛想をつかし、いわば李承晩を逆勘当したということができるでしょう。それはよかったですよ、もし私が李承晩に大事にされ、出世コースを歩んでいたら、私の人生は四・一九（一九六〇年）で終わっていたでしょうから。個人の立場からは李承晩氏に対して恩義を感じないことはありません。しかし私が日本に来てから、恐らく朴正熙*の次くらいは、彼の為政者としての非行をあげつらってきましたが、それは当然のことであり、私情と公事を峻別するのは朝鮮の文士の伝統でもあるのです。

内海　もっと伺いたいことがありますが、紙数の関係で、最後に今の日本の状況について一言、お願いします。

鄭　今日本で私が何をやっているかと言えば、もちろん自分の国の現状、というよりは支配権力における正統性の欠如を糾弾しますよね。しかしもう一つは、日本というのはどんな国であるのか、その日本の現状と未来が我々とどのような関係にあり、またあり得るのか、朝鮮民族の一員として絶えずそれを見つめる。ちょっときざな言い方ですが、時代の「不寝番」ですね。それが、私が自らに与えた任務であると考えております。この任務は、日本人の女性と結婚し、血液的には半分が日本人である子どもを持つ者として、私の抱いている、私なりの日本に対する愛情の表現だとも考えているのです。

朴正熙 パク・チョンヒ（一九一七〜一九七九）韓国の軍人、政治家。満州軍官学校をへて日本の陸軍士官学校に特典入学した。解放後韓国軍に入り、六一年クーデターを断行、独裁権を確立。日米との関係強化につとめ、六五年には国内の反対をおさえて日韓条約を結び、またベトナムに派兵した。七三年の金大中拉致事件をきっかけとして反朴・民主化運動がたかまり、七九年、側近の金載圭に暗殺された。

4
軍隊と性——語られなかった強かん

高崎隆治

状況の変化のなかで、右へ左へと揺れ動く節操のない知識人たち。若き日にそんな知識人の姿を目にしたためか、高崎さんは頑ななまでに志に生きている。

戦争協力の過去を曖昧にしたままの文学者の姿を、緻密な実証にもとずいて描き、私たちに戦後責任の問題を提起する。銃や剣をとった手に、ペンをもちかえて、高崎さんの孤独な闘いが戦後続いてきた。

高崎さんはいつもうつむき加減に座り、ボソボソと語る。だが話には、長い間の研究と若き日の体験が、織りこまれて、まるで一つのドラマが展開するようだ。児童文学の山中恒さん、渡辺清さん、そして高崎さんのようにこだわり続ける心と仕事、状況転向をかたくなに拒否する姿勢が私は好きだ。　　　　　（U）

高崎さんにとって、天皇とは？

内海　高崎さんが『思想の科学』*の去年の四月号に書かれた「中国戦線での強姦が及ぼした思想的影響」を読ませて頂きました。強かんの視点から南京事件を扱った最初の論文ではないかと思います。今日は、この論文を中心にお話をお聞きしたいと思います。

高崎さんがこれまでにお書きになった、『戦争文学通信』*とか『戦時下の雑誌』*を拝見していると、執念といったものを一貫して感じるんですが、今日の主題に入る前に、なぜ、これほどまでに戦争文学にこだわるのか、その点からぜひお聞きしたいと思います。

高崎　僕は実は、天皇に対して、特別な感情というのは、小さい頃からありませんでした。なぜかというと天皇と日常的に接していたからです。

僕の母の母、つまり祖母なんですけれど名前は安藤みちといいますが、日本に天皇はふたりいるっていうんですね。ひとりは西の殿様で、もうひとりは小田原藩主大久保加賀守さまだというんですね。

『思想の科学』一九八五年四月号

『戦争文学通信』
高崎隆治　風媒社　一九七五年
同名の個人誌の創刊～四〇号までを一本にまとめたもので、テーマは文学以外にまで及んでいる。

『戦時下の雑誌』
高崎隆治　風媒社　一九七六年
戦争末期の総合雑誌・時局雑誌・婦人雑誌など、約一二〇誌についてその特徴や傾向を批判、解説したもの。

内海　西の殿様とは面白い表現ですね。実感だったのですね、おばあさんにとって。小田原藩主の末えいだった高崎さんのおばあさんにとって、天皇は唯一絶対の存在ではなかった。

高崎　そうです。祖母は、僕が小学生の頃死んだのですが、母がまた、祖母のいうことをそのまま受け継いで、いつも口にするんです。だから、天皇のことは天皇とよばなかったですね、西の殿様でした。で、旧藩主の子孫はお殿様で、こちらの方は「お」がつく。母が天皇と呼ぶようになったのは、太平洋戦争が始まってからでした。

内海　そうなんですか。家のなかで天皇を相対化する視点を養われていたわけですね。それでお父さんは、何をやってらしたんですか？

高崎　父は国鉄職員ですが、お召列車*や先導車*の通信手でしてね、もし事故があればすぐ緊急連絡をとらなきゃいけないわけですから、列車を使う行幸・啓*には通信要員は、必ず、どこへでもついていくんです。だからよく、恩賜(おんし)の菓子や煙草*などを家に持ち帰ってきました。

恩賜の菓子というのはたいてい紅白の落雁のようなものでしたが、染料が悪いのか食べると歯が紅く染まってしばらくとれないんです。味もどうということなく、そこらの駄菓子屋で売っている一銭の菓子――昔は一文菓子などといったそうですが――そういうものの方がよほどうまいわけです。煙草は例の菊の紋が入ったやつで、戦争末期の特攻隊員が出撃する時に一本ずつもらって、「思い残すことはない」などと言って死んでいったあれです。大学の予科生の時に父親から何度

お召列車 おめしれっしゃ　天皇や皇后が旅行する時に使う特別の列車で、座席車輌の側面には菊の紋章がついていた。運転は老練の機関士が選ばれたが停車位置の誤差はほとんど一cm以下であったという。それは五cm以上位置がズレると職を失うからだが。戦争中、停車位置を憲兵に問われたある駅の駅長が、靴先でそれを示したところ、不敬罪でクビになったという話がいまに伝わっている。

先導車 せんどうしゃ　お召列車が通過する五分前に先行する列車のことで、通常は列車ダイヤの中の一列車が指定され、一または二車輌が増結されていた。つまり、お召列車は指定された列車の通過した五分後に同じ線路を走っていたのである。一般乗客は先導車になっていることを知らずに乗っていたことになる。増結された車輌にはお召列車同様皇宮警察や憲兵の他に、保線・電力・通信等の国鉄職員が事故に備えて乗車していた。

行幸・啓 ぎょうこう・けい　天皇の旅行は行幸、皇后や皇太

かもらって喫ってみましたが、「敷島」という老人向きの煙草によく似てました。
煙草で思い出したんですが、金色の菊の紋は最初煙草の吸口の部分に印刷されていたんです。つまり、フィルターにあたる部分です。吸口だから濾過の役目はしないのですが、しかしそこに紋章がついているということは、吸い終われば捨てられるわけですね。そうすると、紋章のついた吸口が靴で踏まれるおそれがあるわけです。ところがある時、吸口ではなく真中へん、つまり燃えてしまう部分に印刷されているので、親父に聞いたら、踏まれるのはおそれ多いということで変えられたという話でした。
菓子についてもエピソードがあるんです。私、昭和十九年に入隊したんですが、その時、通年動員で明治製菓で菓子をつくっていた中学生の弟が、皇太子用のチョコレートをもってきたんです。もちろん、無断で持出したわけで見つかれば放校ですが、恩賜の菓子とちがってこれはまったくこの世のものとは思えないほどうまいものでした。本当に皇太子が食べるためのものだったのでしょうが、しかし、毎週一回つくっていましたから、とても一人では食べきれるものではないんです。たぶん皇太子の口に入る前に、九九%は消えたと思います。弟もその一人ですが、弟と同級の黛敏郎が食ったかどうかは弟は死んだので聞いていません。

内海　恩賜のお菓子も格別、有難くもめずらしくもなかったんですね。

「貴様の手が長すぎる!」

高崎　ええ。父は、またシベリア出兵*にいってるんですね。近衛師団*の鉄道連隊です

子などは行幸とはいわず行啓と称した。行幸にしろ行啓にしろ、沿道の警備は厳重で、窓をしめよ、洗濯物を部屋にとり込め、などといわれたが、道を歩いていることもできなかったし、お召列車の発着駅はむろんのこと、通過駅のホームに立っていることも許されなかった。

恩賜の菓子や煙草
戦争中は傷夷軍人や特攻隊員などが感激してもらったが、行幸・啓の警備に当たった憲兵や警官、お召列車または先導車に配乗になった国鉄職員などはその都度もらっていた。特別にかわったものでもなければ特にうまいというものでもなかった。つまり、天皇用でも皇族用でもなく、下賜のためにつくったものということになる。

シベリア出兵
日本軍がシベリアへ出兵したのは、該地の日本居留民や朝鮮を守るためであった、といまでもそう主張する者が一部にいるが、ソビエト革命を妨害すること以上にシベリアに領土的野望を抱いていたからである。それは兵士たちにシ

待遇改善を要求して陸軍省に集まった廃兵。廃兵とは戦争で手や足を失い兵隊としては役に立たなくなった人たち。「隊長殿にだまされた」とか「閣下連の踏み台」とかの文字がよみとれる。

『写真通信』1922年5月号より

が、それで軍隊のことはよく聞いていました。非常に理不尽なところだということをですね。たとえば、師団長の検閲があったとき――師団長は今の皇后の父親だったそうですが――不動の姿勢で整列していた私の父の上衣の袖が短いと師団長が中隊長に注意した、それで中隊長が被服掛下士官を怒鳴りつけた。するとその下士官がゴムの営内靴*で貧農出身の下級兵士である私の父をなぐったわけです。その時の下士官の言いぐさは、「袖が短すぎるんじゃなくて貴様の手が長すぎるんだ!」というわけです。なぐられた父は口の中が切れて一晩中血が止まらなかったそうですが、翌日、演習に整列しても頬がハレあがって帽子の顎紐がかけられない。班長にどうしたかときかれても、真実をいえば半殺しの目にあいますから「ムシ歯であります」としか答えられなかったそうです。私がその話を聞いたのは十五年戦争が開始された直後の小学校一年生の時で、「爆弾三勇士」の歌*が大流行している時だったのでよく覚えています。

戦後は父親を嫌うようになりましたが、当時は子供だったので、父親を尊敬してましたから、いまに必ず仇をとってやるなどと決心したりして、日本の軍隊なんか正義どころか、不義不正の見本だと思っていました。

内海 天皇は西の殿様で、その殿様にお父さんはかなり身近に接していた。そういう殿様の軍隊は、今、おっしゃったように理不尽なものと映っていた。家庭の中で天皇を特別視することはなかったとしても、学校ではどうでしたか。御真影*に頭を下げ、教育勅語*を強制的に暗記させられたのでは?

高崎 ええ、それは小学校の時に暗記させられました。ですが、暗記しただけで通り

ベリアに残留することを勧奨する文書を配布したことでも明らかだが、約四年にわたって、干渉国のすべての軍隊が撤退した後まで居坐りつづけ、結果は兵士が血を流しただけに終った。

近衛師団 このえしだん
天皇を護るための師団で、日清戦争前、第一師団から第六師団までしかなかった時代にも近衛師団は存在した。明治・大正のころは、近衛師団の兵士の系累や家柄の調査はかなり厳しく、身内に前科のある者がいるかいないかなどで選別された。したがって選ばれた者は近衛兵であることを誇りにしていた。しかし一方に、近衛師団なら危険な戦場に出されることもないという安心感もあったという。

営内靴 えいないか
兵隊の用いる靴は軍靴または編上靴(へんじょうか)とよばれ、外出または戦闘・演習に用いられたが、兵営内では衛兵勤務などを除いて、普通にはゴム製の営内靴とよばれるひものない短靴を履いていた。靴全体がゴムであるため、

すぎていました。何も考えていませんでした。

中学に入ってからは、天皇の姿を何回も、目前に見ちゃってるんです。目の前二、三メートルの距離なんです。だからナーンダやっぱり普通の人間じゃないかと思ってましたね。

「真白き富士の嶺」という歌で有名な逗子開成中学なんですが、逗子の駅前から行幸道路(ぎょうこう)がのびていまして、天皇が葉山の別荘に向かう時、両側に一列に並んで出迎えるんです。逗子までは父がそのお召列車に乗り込んでるわけです。一般の人たちは、最敬礼で頭をあげてはいけないんですが、僕等は捧銃*だったので、天皇の方に顔を向けてその目に注目するんです。天皇は車に乗っているんですがちょうどジョギングをするくらいのスピードでしたので、顔はよーく見ました。格別違ったところはないフツーの人間だと。

「天皇のカアちゃんが今日ウィンクしたって?」

内海　御本人の体験としても、当時の平均的学生とはかなり違っていたようですね。ベールをかぶせて神聖視させようとした天皇、その姿を、ベールをはぎとってみれば何ということない人間だということを捧銃をしながら観察していた…。

高崎　ええ。僕らの中学はかなり変わっていまして、なにかの都合で奉迎に出なかった五年生が四年生の私達に向かって「オイ、天皇のカアちゃんが今日ウィンクしたっていうのはほんとうか?」なんてことが話題になったりしてね(笑)。

内海　そうした発言の空間が残されていたことは当時としてはずいぶん自由な学校だ

これで顔をなぐられると人相が変わるほどにハレあがった。軍隊経験者はその名を聞いただけでゾッとするようなしろものである。

「爆弾三勇士」の歌
十五年戦争の発端となった九月十八日(一九三一年)の事件から世界の目をそらさせるのが目的で、翌年、列国の権益が集中する上海に事件を起こしたのが、いわゆる「上海事変」である。この時上海郊外の廟行鎮に防禦陣を構築した中国軍に対し、鉄条網を破壊して突撃路をつくる命を受けた三人の工兵の爆死を讃える歌がこの歌で、作詞者は与謝野鉄幹であった。爆発まで十五秒しかない重い爆薬を抱えて凹凸の激しい荒地を三〇メートルも走ること自体がすでに自殺行為であった。

御真影 ごしんえい
天皇の写真のこと。学校では普段は奉安殿とよばれる神社をかたどった小さな堂にそれを置き、生徒たちは前を通るたびに最敬礼をさせられた。しかし、明治・大正のころは奉安殿のある学校はほとんどなく、多くは校長室に置かれったんですね。

高崎　校長がいうんです、「海軍が使う軍需資源はストックが二年分しかない」。

普通、そんなことは一般の中学では軍事教練の教官が幅をきかしていましたから、こわくて言えなかったんですが、歴代の校長は海軍の将官でした。私の時の校長は、横須賀海兵団*の団長（少将）で、その前の校長は、横須賀鎮守府*の司令長官（中将）だったんですね。校長の方が配属将校などよりはるかに階級が上だったわけです。

だから太平洋戦争が始まった時に思いましたね。十六年に始まって、十七年、十八年で二年、節約して三年もって十九年。二〇年には終るだろうと。

内海　そうですか。そうした家庭や学校の環境から時代の流れを冷静に眺める視点を培われていったのですね。太平洋戦争が十六年の十二月八日に始まるわけですが、その時、同時代の知識人は、なだれをうって戦争讃美に向かった。

高崎　もう、非常に腹が立ちましたね。これが知識人かと、日本に知識人はいやしないと。憎悪すら感じました。

日中全面戦争がいつ終わるともしれないような状態になっていたし、このまま長引けば戦争に引っぱり出されるのはわかっていましたので、一日も早く中国から撤兵するのを願っていたのです。こいつらはやっぱり俺を殺す気なんだなと思いました。殺されるくらいなら自殺した方がいいと思ったんですが、そうすると家族が迷惑するだろうし。いまの若者はよく逃亡ということを口にしますが、この狭い島国で逃げるところなんかあるわけがないんです。それに、本音はどうで

ていたので、火災の際は他のどんな重要書類よりも優先して教育勅語とともにこれを持ち出さなければならなかった。焼失すれば、校長と宿直者は免職処分になるからである。

教育勅語　きょういくちょくご　明治二三年十月三〇日に、公布されたもので、学校教育の基本とされた。「一旦緩急あれば義勇公に奉じ、もって天上無窮の皇運を扶翼すべし」などと、学校行事の時にはかならず校長がこれを生徒に向かって朗読した。小学生などは、なにを言ってるのかよくわからないままに、朗読の間、最敬礼をしているわけで、滑稽というよりは悲惨に近く、天皇と国民の関係がこの一巻に集約されている。

捧銃　ささげつつ　武装をし銃を持っている兵士が行なう敬礼で、単独の衛兵などを除き、指揮官の「捧銃」という号令によって、着剣した銃を身体の正面で捧げ持ち、敬礼すべき相手の目に注目する。したがって相手をまともに見据えることができる。また、通過する相手には右

ペン部隊――あらわれた文学者の弱点

「ペン部隊」とは、**一九三八年の夏に開始された漢口攻略戦に従軍した作家団のことで**、後年太平洋戦争段階で南方諸地域に派遣された徴用作家とは別である。なぜなら、後者は強制的であったが「ペン部隊」の方は希望者であったからだ。

文学史には、陸海軍部が作家たちを派遣したと、あいまいに記されているが、しかし実は、内閣情報部からその計画について相談を受けた**文芸春秋社社長の菊池寛が**、軍部に作家たちを売り渡したというのが正確である。なぜそうなったかを簡単に記せば、前年十二月の南京攻略戦に起きたいわゆる「南京事件」が欧米各国の非難の的になり、国内的にも南京戦に材をとった石川達三の『生きてゐる兵隊』発禁事件等が重なって、国家権力がその事実の伝わることを怖れたからである。日本近代史上、作家たちがこれほど国家によって「至れりつくせり」の優待を受けたことはかつてなかったことを考えれば、文学者なるものの最大の弱点がどこにあるかがわかるであろう。菊池寛は、当時、文芸家協会の会長でありながら、「ペン部隊」編成にあたっては理事会にも評議員会にもはかることをせず、身近な一、二の友人に相談しただけで、事の一切を前記陸海軍部と内閣情報部との密議によって進行させた。

「ペン部隊」二十二名は陸軍班・海軍班の二班に分かれて、国家から莫大な支度金なるものを受けとり、約一カ月にわたり、軍のお膳立てに従って戦線を視察し、その見聞を発表した。後年の文士徴用が、権力によるこれらの経験を下地として、いともやすやすと行なわれたのはむしろ当然であった。

参加した作家たち／菊池寛・尾崎士郎・小島政二郎・佐藤春夫・北村小松・久米正雄・吉川英治・片岡鉄兵・丹羽文雄・吉屋信子・白井喬二・川口松太郎・浅野晃・岸田国士・滝井孝作・中谷孝雄・深田久弥・佐藤惣之助・富沢有為男・林芙美子・杉山平助・浜本浩。

あったかよくわかりませんが、開戦当初の「大戦果」に国民一般は酔ったような状態になっていましたから、うろうろしていれば当局に捕えられる以前にその国民につかまって突き出されてしまうにきまっています。逃げることも死ぬこともできないわけで、孤立無援の絶望的な毎日でした。

内海　じゃ、その時の気持を、ずーっと引きずってらっしゃる、その思いに結着をつけようという執念があるわけですね。

高崎　そうですね。それと僕が粘着質になったのは(笑)、他に理由があるんです。学生時代、中学から大学予科まで剣道をやってまして、四段だったんです。大会の時、新しい技を考え出したんですが、勝ち抜き選だったので、決勝戦になるまでその技を使わずに残しておいたんです。決勝戦で、その技を使った。でも審判がとらないんですね。それで、いまのは少し弱かったかなと思って、もう一度打ち込んだ、でも今度もとらない。そこであきらめてしまい結局負けてしまったんですが、先生にえらく怒られましてね。「審判は、二度とも途中まで手をあげかけてた。もう一回くりかえしていたら、審判は認めたかもしれない。二回でだめだったら、なぜ三回やらない。それでだめなら、二〇回、三〇回、認めさせるまでなぜやらない!」っていうんですね。それでみんなはバスで帰ったのに、僕は歩いて帰れって(笑)。それですね、僕が粘着質になった理由は。

「慰安婦」を連れて歩いた日本の軍隊

内海　それで、高崎さんが戦争文学を粘り強く追ってらっしゃる理由が少しわかりま

四五度から左四五度の角度まで視線を移動させる。最敬礼で通過するまで顔をあげられない一般とは対照的な敬礼ということになる。

海兵団・鎮守府　かいへいだん・ちんじゅふ
　ともに、横須賀・呉・佐世保にあったが、海兵団は十五年戦争開始後にその他の地にいくつも増設された。海兵団は水兵に初年兵教育を施すところで、水兵はここで教育を受けた後、軍艦に配属されたり海軍の各種学校に入校を命じられる。また鎮守府は軍港に設置される司令部で、所属艦隊や飛行場や要塞などを統括する。司令長官は通常は中将である。

した（笑）。さきほどお父さんがシベリア出兵に参加したという話がありましたが――。それで、シベリア出兵について今日のテーマとの関連でおたずねしたいのですが。

天皇の軍隊が、慰安婦を連れながら戦場に行くという、世界でも珍しい形をとった理由の一つに、シベリア出兵の経験がありましたね。シベリア出兵の時、潜在患者も含めると七人に一人が「花柳病」（性病）になって後方送り*になったといわれています。戦わずして大量の兵力を消耗した軍が、その後に採用したのが従軍慰安婦の制度だった訳です。戦場における強かんはこのシベリア出兵の時に大問題になったはずですが、この出兵に参加されたお父さんから、この強かんの話について何か聞いていらっしゃいませんか。

高崎　私の親父は日本に一つしかない鉄道連隊にいた。除隊するころにはもうひとつ連隊をつくったということですが。鉄道兵は少数の上に、機関車から離れることができないわけで機関車で寝、機関車を守って戦い、ゲリラが逃げても、追撃はできないし、してはならない。一歩も機関車から離れることができない。しかも将校でも下士官でもないただの兵士だから町も知らないのです。

内海　他の部隊の兵で「花柳病」による後方送りになった話は耳にはしてないですか。

高崎　それは聞きましたね。私が徴兵検査を受ける直前に、「性病っていうのは軍隊では病気の中でいちばんひどい目に会うからな、おまえ気をつけろ！」っていうことは言いましたね。

内海　「いちばんひどい目」っていうのはどういうことですか。

後方送り　こうほうおくり　前線には野戦病院はなく、包帯所とよばれる収容所が仮設されるだけなので、重傷者は情況をみて後方の野戦病院まで送られる。しかし、一般に「後方送り」といわれるのは、さらに数十キロまたは数百キロ後方の兵站病院にまで後送されることで、戦闘能力の回復が望めない患者はそこから「内地還送」ということになる。兵役免除になるような重傷は別として、軍病院は戦死するまで兵士を何度でも使うために治療するところである。

高崎　軍隊での病気やケガは一等症、二等症*って等級があるんですね。「花柳病」はその中の番外のような、たしか三等と聞きましたが、そんなものは手当てを受ける権利もない、全く、本人の責任であるっていうんですね。

内海　後方送りになって、治療は当然受けるんでしょ。

高崎　そうなんですが、作戦中はダメです。戦闘で負傷したのとちがい待遇が非常に——。

内海　悪い？

高崎　最低ですね。メシを食わしてもらえなかったり、何時間も待たされて、明日来いとか、中にいれてもらえなかったり罵倒されたりというふうに、太平洋戦争下ではそうでした。

内海　シベリア出兵における「花柳病」の蔓延というのは、軍首脳部にとってもかなり衝撃だったようですね——。戦わずして大量の兵が損耗したとか。

高崎　そうでしょうね——。だから、以後の兵隊検査でいちばん問題にするのが「花柳病」と結核です。

占領地の女たちが「慰安婦*」にさせられた

内海　戦場における性の問題なんですが、占領地の場合には、「慰安所*」を各地につくっていますね。そこに「従軍慰安婦」として連れてこられた日本人、朝鮮人が働かされ、さらに占領地の女たちが働かされています。ジャワでは抑留されていたオランダ人が強制的に慰安婦にされていますが、この事件は日本の敗戦後、戦

一等症、二等症
病気や負傷には等級があり、戦闘によって受けたものと、事故による負傷の区別、あるいは病気の種類などによって分けられる。日清戦争や日露戦争のころは、負傷の部位や負傷時の情況などによっても区別されたが、これはできるかぎり出費を抑える方針によって定められたものである。「名誉」とされるのは一等症だけで、結核など二等症は邪魔扱いされ、二等症にも入らない花柳病などは国賊だと罵倒された。

慰安所・慰安婦
慰安所というと演芸でもやる所と思いがちだが、日本軍公認の売春所で、後方だけでなく、前線部隊のすぐ後を追って移動した。管理・管轄はむろん軍で、慰安婦は日本人よりも朝鮮人が多く、そのほとんどは欺かれたのだが強制的に連行された朝鮮人もいた。場所や情況によって、兵用・将校用の別があったが、兵士は衛生サックという名のコンドームを持って慰安所の前に列をつくった。

犯裁判にかかっています。オランダ人の女たちに慰安婦になることを強制した将校が処刑*されています。

もう一つは強かんの問題。日本軍の行為を「強かん」という視点から捉えた高崎さんの論文は私には大変新鮮なものでした。考えてみると、この問題について本格的な論文はこれまでなかった。多く語られていそうで、真正面から論じたものはこれまでありませんでしたね。

高崎　実はわからないところがあって、そこをとばしたんですね。何がわからなかったかというと、陸軍刑法で強かん罪というのはどのくらいの処罰を受けるのかということがわからなかったんですね。何らかの処罰を受けるということは確かです、でも考えようによっては強かんは罪にならないようにも思えた。

強かんしなきゃ掠奪できないということがあり得るか

内海　どうしてですか。

高崎　それはですね、今から二〇年くらい前に陸軍刑法を読んだことがあるんです。それは抜粋で薄いものですからほかの部分に書いてあるかはわからないんですけれど、そこに掠奪の罪はあるんですね。それには不思議なことが書いてあったと思うんですが、こう書いてあった筈なんです。「掠奪をなしたる場合は一年以上の懲役」、ところが、そのあとにこう書いてあるんですね、「前項の――前項のっていうのは掠奪ですね――前項の目的を達成する為に強姦をなしたる場合は七年以上の懲役」と、こう書いてあるんです。僕がその時、どう考えてもわからな

――『画報躍進之日本』一九三八年七月号

オランダ人の女性を慰安婦にした……

一九四二年三月八日、オランダ領東印度政府は、日本に無条件降服をした。このため、同領土にいた連合国軍人は捕虜となり、民間人もまた抑留された。この事件は中部ジャワ・スマランで起きたもの

かったのは、つまり品物なら品物を奪ってくるその目的を達成するために人を殺すっていうことはあり得るし、わかるわけです。しかし品物を奪うために、強かんするっていうのは変だと思うんです。

内海 そうですね。

高崎 僕が昔読んだ陸軍刑法には、そう書いてあるんですね。ということは、つまり掠奪が目的ではなく、強かんだけが目的なら罪にならない、ということになりますね。

内海 ええ、論理的にはそういうことですね。

高崎 条文の解釈では、そうなんですね――。陸軍刑法の制定は明治ですが、それ以後何回か改訂されてます。戦争末期に昭和十七年頃出たそれには、確かにそう書いてあったんです。で、僕はわからなかった。殺さなきゃ、目的を達成できないということはあります。だけど強かんしなきゃ掠奪できないということはありえないことで。つまり強かんだけなら罪にならない。

内海 全く、そうですね、兵隊だった人たちが、戦後、自分たちの行為を語っていますが、その多くが、戦場において殺すという行為までは告白している。それは殺すという行為は、心のどこかで正当化されうる。戦争だったから、命令で仕方がなかったとか。しかし強かんに対しての告白はほとんど記録がない。それは強かんはどう考えても正当化される理由はないからですね。

高崎 ないですね――。命令がありませんから。強かんせよという命令は明治以来絶対にないですから、これは弁護することも本人が弁明することもいっさいできな

であり、抑留中のオランダ人の「希望者」を慰安所で働かせたことが戦争犯罪として問われたもの。「希望者」を募ったというが、強制であったと証言する元日本兵もいる。白人女性に売春を強要したこの事件は、白人に対する日本人の抜きがたいコンプレックスのあらわれとも言えるだろう。

このスマラン慰安所事件では陸軍少佐が死刑、八人が有罪、二人が無罪、「発狂」を装った陸軍大佐が免訴となっている。

支那事變戰局地圖

(山西肅清より徐州大會戰まで)

『画報躍進之日本』第三巻第七號附錄

東洋文化協會編輯

昭和十二年三月三日第三種郵便物認可
昭和十三年六月二十五日印刷納本・昭和十三年七月一日發行

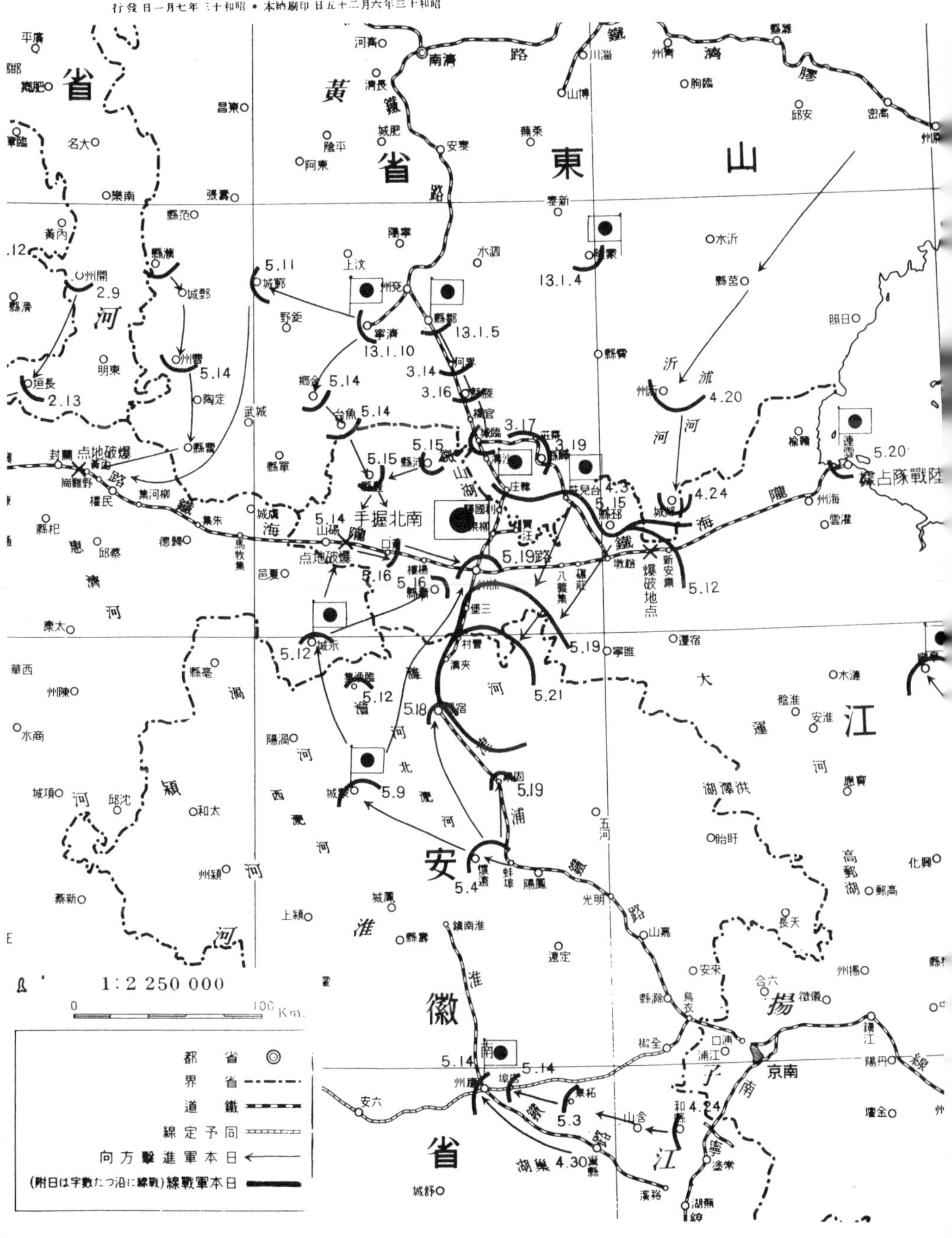

いですね。

特務兵に強かんが多かったのはなぜ？

内海 そうすると、さきほど「性病」に関して気をつけろと、これはいちばん恥ずかしいといわれたというお父さんの話をお聞きしましたが、強かん自体が非常に恥ずべき行為だという認識は軍隊の中ではあったんでしょうか。

高崎 あることはあります。ほめられたものではない、するべきでないという程度にはあるんですね。しかしそれは軍隊に入る前からの道徳律としてもっているということです。それが残っているというべきでしょうか。

僕が引用したのはこれなんですが、この「戦場神経症並(ならび)に犯罪に就(つい)て」の中で、「強姦例は殆ど数を挙げ得ざる程の多数に上」っている、と書いてあるんですね。この早尾乕雄という人は軍医ですが金沢医大の先生で、資料は憲兵隊からもらってまとめたと、書いてありますから、デタラメではない。十年くらい前に亡くなりましたけれど。

内海 高崎さんの論文に司法処分を受けた統計が出ていますけれど強かんはあがっていませんね。

高崎 これは、軍法会議*でやられたやつですから、強かんなんかありえないわけです。ところが、こっちの、司法処分にならないで説諭を受けたものの項目の中にもないんです。で「其の他」っていうのがものすごく多いんで、これだと僕は思います。（表参照）

軍法会議　ぐんぽうかいぎ
陸・海軍の軍人や軍属は「軍刑法」という特別法にもとづいて軍法会議によって裁かれる。しかし民間人でも軍隊にかかわる問題であれば「軍刑法」が適用される。だが、軍人・軍属などが断罪される場合、かならずしも軍法会議にかけられるということにはならず、たとえば前線などで情況が許さない時は直属上官の判断によって処刑されることもある。また、上官に責任が及ぶのを恐れて不問とされる場合もある。

軍人軍屬ニ於ケル説諭統計

兵科＼種別	飲酒ニヨル暴行	暴行	飲酒徘徊	掠奪送付	無錢飲食	掠奪	酩酊ニヨリ軍紀ヲ紊ス	其ノ他	計
歩兵	二三		一六	一八		四	三	二八七	三五一
騎兵	一							八	九
砲兵	六		二	一		一	一	四一	五二
工兵	七	二	二				一	五七	六九
輜重兵			一	一		一		五一	五四
航空兵								三	三
衛生部	二		二			一		一六	二一
經理部			一					四	五
特務兵	三		五			三	六	一九二	二〇九
部隊不明		一		一				一一九	一二一
海軍	一		一						二
軍屬	九	一	四		一			二二	三七

『戦場神経症並に犯罪に就て』

内海　無銭飲食まで入っているのに強かんがないですね。
この特務兵っていうのは何ですか。

高崎　アア、これは、軍隊の中でいちばん軽蔑される、馬を引っぱって弾薬や食糧を運ぶだけの兵隊です。

昔、輜重輸卒っていいまして、

輜重輸卒が兵隊ならば
ちょうちょ、トンボも、鳥のうち

なんていうくらいに、軍隊のなかでも特にバカにされたんですね。
輸卒っていうことばは、昭和になってなくなって、特務兵になったわけです。

内海　その特務兵が多い、一九二件ですか。その意味をどう考えるかが問題ですね。

高崎　バカにされるということは、その扱い方が、牛馬以下といわれる最下級のタダの兵士の中でも最低ということですね。ハケ口がどこにもないんです。自分たちよりも下で、暴力的に支配できる相手は、したがって中国の民衆しかいないわけです。上の者から加えられる残虐残酷を、一種の腹いせのような形で非力な者に向ける。つまり強かんとか掠奪とかは天皇の軍隊がその「機械」の中に本質としてもっているものだと考えるべきでしょうね。

それにこの表に部隊不明っていうのがありますけれど、憲兵が扱った事件で、部隊不明なんていうことはありえないんですね。

だからこの「其の他」というのは、つまり強かんなんていうのは、別に部隊なんて聞かなくても、「おまえ、あまり勝手なことはするな。行けっ」なんていう程度ですませちゃったということなんでしょうね。あとは、歩兵が多いですね。しかし日中戦争時代の軍隊は八割までは歩兵ですから。いちばん最前線で突撃をやったり白兵戦をやって、命のやりとりをするのは歩兵なんです。歩兵の場合はそういうことと関係があると思うんです。

内海　戦闘行為に参加した兵士たちは、一週間位は正常な状態に戻れないといいますが。

高崎　そう思いますね。

歩兵部隊は最前線、最前線へと行きますから、後から行くような工兵とか砲兵とかは、強かんの機会というのはあまりないと思われます。

鉄カブトの図柄のコンドーム

内海　兵はコンドームを恒常的にもたされていたんですか。慰安所行きの前に支給されるだけでしょ。

高崎　恒常的には、持っておりません。作戦が終るでしょ、例えば南京戦とか漢口攻略戦*とか、それが終った後に支給されるわけです。

内海　そうすると作戦が終って、慰安所に行く、その前に支給されたんですか。

高崎　そうなんです、その前なんです。

南京戦のころは、どういう商標のものか知りませんが、戦争末期の私たちのころは「突撃一番」という名の鉄帽（鉄カブト）の図柄が袋に描かれているカーキー色のものでした。名前がふざけてると思いませんか。強かんとか慰安婦とかの

漢口攻略戦　かんこうこうりゃくせん

一九三七年七月七日に日中全面戦争が開始され、日本軍は首都南京を占領したが、中国は徹底抗戦をつづけたので、一九三八年夏から漢口攻略戦が始められた。漢口を占領すれば今度こそは降伏するであろうという思惑があったのだが、中国はさらに奥地の重慶に首都を移して抵抗した。内閣情報部と軍部および文芸春秋社社長の菊池寛等が合議し、作家を戦場へ送ったいわゆるペン部隊はこの作戦で編成されたが、それは太平洋戦争段階での「文士徴用」の端緒をつくることになった。

問題を軍当局がどう考えていたか、コンドームのその名が象徴的に表現しているようですね。

内海　だとすれば、作戦が終ったあと一週間なり、二週間なりたたないとそういう形にならないですね。

高崎　なりませんね。作戦の途中でなんていうのは将校だけでしょうから。

内海　それでは、兵の側からいうと、「性病」になる危険性があるにもかかわらず強かんするわけですね。

高崎　ええ。

内海　強かんにコンドームは使わない、相手をチェックするわけじゃないから。相手が「性病」だったら——。

高崎　ええ、それを大変恐れるわけですね。「なんだ貴様は、そんなものでおめおめと医務室へ行かれるか」というふうに古参兵*にいわれますから。

内海　それでいてこのように強かんが多いということは、彼らの抑圧状況がすさまじいとしかいいようがありませんね。

高崎　そうなんです。『思想の科学』に書いた文章のなかにT上等兵というのが出てきますけれど、強かんばかりしていたんで梅毒になっているということを下士官がいっています。でもそのことは、書かなかったんです。それを書くとT上等兵だけが特別のようにみえてしまうんで。それはまあ、下士官のことばですから、彼等はT上等兵を憎んでますからそういったのかもしれないんですが、しかしどうもほんとうのようです。

古参兵　こさんぺい　新兵に対する古い兵隊、つまり古兵のことで、軍隊では階級は同じでも古いということに権力や権威があった。学徒出身の即席の下士官などより、星が二つか三つの一等兵・上等兵の方が蔭の部分では力をもっていた理由もそこにある。古兵は自分が新兵時代に受けた苛酷な扱いを新兵に対して行なうことで溜飲を下げていたが、その悪循環は敗戦まで改まらなかった。

強かんを裁かない陸軍刑法

内海　そうすると、強かん自体恥ずかしいという意識はあっても、説諭ぐらいで見逃されているので、それが罪になるという意識は兵隊の中には定着していかないわけですね。

高崎　陸軍刑法にないということが、性病以上に兵隊を安心させるんじゃないかなと思います。じゃ兵隊は陸軍刑法を知ってるかというとほとんど知らないんですが、将校は知っています。たまたま強かんしたのを将校にみつかっても、将校は刑法にないから、怒るくらいでやめちゃう。将校がひどく怒らないということは、これは大丈夫なんだと兵隊は思うわけですね。

これが陸軍刑法ですが、日中全面戦争の昭和十年に出たものなんです。だから南京攻略戦の頃はこの陸軍刑法だと思います。

■昭和十年＝一九三五年

内海　それには全然ないわけですか。

高崎　「第九章　掠奪の罪　第八十六条　戦地又は帝国軍の占領地に於て住民の財物を掠奪したる者は一年以上の有期懲役に処す　前項の罪を犯すに当り婦女を強姦したるときは無期又は七年以上の懲役に処す」

これだけです。

掠奪とセットになると罪になるんです。強かんだけでは罪にならない。だから当時強かんを処罰するんだったらこれでやる以外にない。ところがつかまっても、「自分は強かんだけであります」というのは何にも罪にならない。

「掠奪はしていません、強かんだけです」といえば、これはもう無罪釈放になってしまう、ということですね。

「一つ、軍人は要領をもって本分とすべし」

内海 それはおかしいですね。あの、シベリア出兵の時のことを念頭に置いていれば、強かんだけっていうことはありうることですよね。

高崎 大いにありえますね。

内海 強かんの事実がわかっても咎めないっていうことは、強かんだけなら、問題はないと考えられていた。

高崎 問題はないんです。ただ、「花柳病」になれば困るというようなこと以外に。だから、それ以外に、強かんはなんの問題にもならない。

南京戦でも漢口戦でも、強かんをして上官にみつかっても、「いい加減にしろ」とか「ほどほどにしろ」とかぐらいのことといわれて終りです。*……何にもならない。

内海 そしたら強かんしたほうが勝ち、得というような感じをもつようになるじゃないですか。

高崎 そうなんです。「軍人勅諭」をもじって、兵隊は「一つ、軍人は要領をもって本分とすべし」などといいます。実際に軍隊はなんでも要領よくやるのが勝ちなんです。要領の悪い者がドジということになります。私は北陸の部隊なので、ドジとはいわれず、方言で「ダラ」とか「ダラスケ」とか罵倒されます。要領が悪くなんの役にも立たない奴という意味ですが。先ほどの論文にも書いてあります

* 南京攻略戦では、「強かん・略奪、勝手次第」だった。93頁囲み記事参考。

南京事件

一九三七年七月七日、対中国全面戦争に突入した日本軍は、十二月十三日首都南京を攻略した。南京事件はこの時に起こったのだが、中国側の発表では虐殺された中国軍兵士・市民の総数は三〇万ないし四〇万もの多数にのぼるという。人数が特定できないのは、南京とその周辺都市がその後日本の敗戦まで約七年半におよぶ占領下におかれていたことが主たる原因で、戦中戦後の日本側の不誠意も理由の一つに考えられる。それどころか、**虐殺などなかったという虚説も**一部マスコミの支援を受けて堂々とまかり通っているのが昨今の状況である。

マスコミだけではない、文部省の教科書検定も学界の定説がないという理由で削除や改訂を強要する現状である。文部省が疑問を抱くのなら政府レベルの研究調査を行なうべきであると考えるのが普通だが、この国ではわずかに民間研究団体の「南京事件調査研究会」が自前の活動を行なっているにすぎない。ようするに、日本政府には南京事件を研究しようとする姿勢はまったくない。政府もいいかげんならマスコミもいいかげんで、「日中友好」が南京事件とは無関係に成立するという手前勝手な論理どころか、むしろそれを有害な研究と考えているようだ。さらに、事件虚構化の中心である旧軍人の動向は、「帝国軍隊」の醜悪をいまにさらけ出しているようなものだが、**問題は虐殺にとどまらず、掠奪・放火・強姦等の全領域にわたっている**上に、それらの調査は手つかずの状態におかれていることだ。軍律のきびしさは世界一と称される日本軍にかぎって、そういう行為はあり得るはずがないと否定論者たちは強調するが、軍律云々は自称であって、軍隊は「要領」だというのは日本軍人のだれもが知るところである。強姦についていえば、南京戦に従軍した故早尾乕雄軍医中尉(金沢医大教授)が、南京戦終了直後に記した報告書で、強姦をあえて行なわないのは人徳の高い者だけだと書いていることは、日本軍が強姦集団である証拠といえる。

が、何でも、かっぱらったほうが勝ちだとか、得だとか、兵隊がみんなそういうふうになる、これは軍隊の教育が悪いと。

内海 軍隊自身も、規律が全く保てないということですね。

高崎 そうなんです。帝国軍隊は世界一規律が厳格だといいますけれど、ウソ八百ですね。

要領よくつじつまをあわせているだけです。たとえばゲートル（巻脚絆）の片方を紛失しても、一つだけ残っていれば、それを二つに切って一足だといい逃れることができる。ドジって叱責されても「忘れました」という言葉一つで罪は半減します。つまり、人間ならだれでも忘れることはあり得るという論理です。たとえば、「掠奪するなといったじゃないか」といわれても、「忘れました」といえば済むんです。

強かんなんていういちばん起こりうるものが罪に問われない、こんな軍刑法しかもたない軍隊なんてインチキだと、僕は思いますね。

勝ち戦につれて出てきた「性の掠奪」

内海 さきほども出ましたが、強かんが日本の軍隊にとって大問題となったのがシベリア出兵の時ですね。

高崎 そうだと思います。

内海 そのまえの日清戦争、日露戦争の時は強かんは大きい問題としては——。

高崎 なかった。ぜんぜんなかったということはありえないですが、そういう大きな集団的な、日本軍は強かん集団であるというような問題はなかったと思います。

内海　それほど大規模にはなかったにしても、日清戦争で強かんはかなりあったのではないでしょうか。

高崎　天皇制の権力がだんだん強まってきた過程で戦争をやってて、得をするような格好で強かんをするというのがでてきた。日清、日露はあまりないけど、だんだんでてきた、ということじゃないかと思うんです。

内海　掠奪の発想の中に、「性の掠奪」つまり女の掠奪ということがでてくるんでしょうか。

高崎　そうだと思いますね。

内海　今日、戦争を語る時に、敗戦につながる悲惨な体験を中心に語る風潮が一般的ですが、それ以前に日本軍は勝ち戦、占領軍としてふるまった日々があったことを忘れている。オールマイティーですからね、占領軍は。やりたい放題だった。それを一度体験すると、また再びっていう気持が起きてくるという話を聞いたことがあります。

このオールマイティーの中に、強かん、暴力的な強かんでなくても、力を背景にした性の強制を含めた強かんというのが非常に大きなウェイトを占めているんだろうと思うんです。

高崎　ええ、そうだと思いますね。で——、それを陸軍刑法にないものだから、つまり強かんだけならさっき言いましたように、「掠奪に当りて強姦をなしたものは」というのが日中戦争の時代の陸軍刑法ですが、掠奪さえしなければ軍法会議にか

東京裁判
日本の侵略戦争の指導者二八人を裁いた極東国際軍事裁判。一九四六年五月三日に東京の市ケ谷で開廷、四八年十一月十二日に被告全員に有罪判決が下った。絞首刑

からないわけですね。軍紀をみだすことにならない。

憲兵に見つかれば、訓戒ぐらいは与えられますけれど、陸軍刑務所にいれられるっていうことはないわけです。

「俺は強かんした」という兵隊はいない

内海　戦後の東京裁判*それから中国でのＢＣ級裁判*で、強かんによる訴追というのはほとんどなかったんですか。

高崎　ええ、なかったと聞いています。

内海　中国戦線だけでなくフィリピン占領後も日本兵によるものすごい強かんがあった。

高崎　そう思いますね。記録にも残っている。

内海　東京裁判の速記録を読むと、宣誓口供書の形でこの強かんの事実がいやというほど報告されているんですね。ある場合は個有名詞で語られている。フィリピンでも強奪、輪かんして殺していることが多い。

高崎さんの論文でも書かれているように、殺したか殺さなかったかについては、本人も心理的に、戦後こだわっていることもあるんでしょうし、その記録も出てくるけれど、強かんについては、およそそういうふうに語られることがないですね。

高崎　ないですね。だから、「俺は殺した」っていう元兵士はいても「俺は強かんした」っていう兵隊はいないんです。

は東條英機以下七名、終身禁固刑、荒木貞夫以下十六名、有期刑二人、一人免訴、二人死亡。被告は「平和に対する罪」「共同謀議の罪」「通例の戦争犯罪及人道に対する罪」により訴追されたが、事後法により裁くこと、国家の行為について指導者個人を罰すること、判事国の構成など多くの問題があった。何よりも天皇を免訴したことの問題性が大きい。「勝者の裁き」との批判もあるが、国民は、南京事件などこの裁判で初めて侵略戦争の実態を知った。

ＢＣ級裁判

東京裁判が、日本の侵略戦争の指導者を裁いたのに対して、特定の地域で「通例の戦争犯罪」を犯した「マイナーな戦争犯罪人」を裁いた裁判。連合国（米・英・仏・濠・蘭・フィリピン・ソ連）は、それぞれ「戦争犯罪裁判に関する法令」にもとづいてアジア各地で裁判を実施、四四〇三人が有罪となった。このうち死刑九二〇人。なお、このなかには、朝鮮人戦犯一四八人、台湾人戦犯一七三人が含まれている。

内海　語りませんか、みんな。わたしは女だから逆に相手が言いにくくて聞きそびれてきたというふうに思っていたんですけれど。

高崎　いえ、いえ、語っていないんです。

内海　いないですか。

高崎　殺したっていうのは何人もいましたけど、掠奪も食うものがないからしかたないということで何人からも聞きました。だけど強かんは聞かないですね。「マア、それはなかにはいたらしいけれど、人間としてはいちばん恥ずべき行為だと思う」という程度です。

内海　恥ずべき行為だという思いは当事者のなかにあるのでしょうか。

高崎　ウーン、たぶん戦後にそう思ったのかもしれませんね。
　しかし、一般には「うまくやった」という意識の方が圧倒的でしょうね。もしそのことで自身を責めているのなら、戦後のそれらの人たちの生き方はもっと違っていたはずです。「われかく戦えり」などという類の回想風の戦記がやたらに多いですが、そんなものがでてくるはずはないんです。もっとも人間というのは勝手なもので、自身の不都合な部分は意識的に忘れようとしますから。それに旧兵士は、例の「忘れました」が得意ですから。

内海　先日、ニューギニアにいっていた人の話を聞きましたが、いちばん悪かったのは中国からきた兵隊だっていうんですね。

高崎　そうだと思いますね。

内海　皆な、強かんした話なんかを得意気にしゃべっていたというんです。戦場での体験と長い軍隊生活で兵隊たちが荒れていた。軍隊で兵が抑圧されていたことと強かんは関連して考えなければいけないということでしょうか。

天皇の軍隊の報酬

高崎 そう思います。つまり、兵隊は直接的には古兵や下士官によって徹底的にいためつけられますね。下士官はやっぱり将校の命令どおり、時には命令を増幅した形で動きます。だからしわ寄せがただの兵隊にくるんですね。

内海 そうすると、強かんしているのは、兵隊が多いっていうことですか。

高崎 ——と思います。軍隊はもともと将校や下士官より数の上で兵士が圧倒的に多いですから。

で、もし下士官だったとしたら、その後下士官になっていたという例ですね。軍隊に四年も五年もいれば普通ならだれでも下士官になりますから。

掠奪は、日本人同士でも大丈夫なんです。盗まれたほうが悪いんです。僕らの部隊では盗んだヤツはどろ棒で、盗まれたヤツはべら棒というんです。

内海 べら棒ですか。

高崎 べら棒の方が罪はおもいんです。だから、盗むわけです。

自分の銃剣なら銃剣を「盗まれました」っていったら、ひどい罪になるから、盗まれたヤツは、すぐにほかの兵士のものを盗む。

私は学徒兵ですが、重火器*を持っている小隊だったので九十九里の犬吠崎の近くで、斬り込み隊*の援護隊として派遣されていたことがあるのですが、その援護隊

重火器・じゅうかき
普通は歩兵のもつ重機関銃や小口径の歩兵銃などのことで、砲兵の野砲や重砲のことではない。つまり、小銃や軽機よりも威力のある第一線の戦闘部隊が使用する火器の意である。歩兵は相手の重火器を制圧しないかぎり苦戦を強いられるわけで、逆に味方の重火器の援護なしに相手を撃退することは困難で犠牲は大となる。小銃手の突撃によって勝敗を決するなどというのは明治時代の思想で、それを超えることができなかった日本軍は、しょせん後進国の軍隊で敗北は必定であった。

斬り込み隊・きりこみたい
火力に劣る日本軍は、手榴弾と小銃だけで夜陰に接敵し相手の陣地内に斬り込んだ。最初のうちは成功した例もあるが、警戒が厳重になると、ほとんど戦果は上らず犠牲だけが増大した。戦国時代の戦法が近代戦に通用するはずはないのだが、戦闘力に天地ほどの差があっては他に方法はなかった。「世界に冠たる日本軍」のなれの果ては、戦闘というよりも糧食を

盗まれたほうが悪い

日本軍は泥棒集団のようなもので、このことは上海戦・南京戦に応召した早尾軍医中尉の報告書でも「員数をつける」という軍隊の教育がまちがっているからだと指摘されている。**「員数をつける」**とは数を合わせることで、兵器やその他の官品を盗まれたり紛失したりした場合、どこでもいいしどういう手段でもいいから、ただちに盗んできて員数をあわせなければならない。もちろん、私物ならそういう必要はないのだが、兵士が身につけているものや持っているものは**頭の上から爪先まで、ほとんどが官給品**で、しかもそれはもらったものではなく貸し与えられたものなのである。兵器は天皇から借りたもので、兵士の所有物でないということは常識だが、兵器だけではなく、軍帽も被服も軍靴も下着類まで、貸与であって私物ではない。**私物はふんどしぐらいのもの**である。悲劇はここから始まるわけで、かりにも天皇陛下からお借りしたものを紛失するとはなにごとかという次第になり、それはどこにも売っていない以上、結局は盗む以外にないのである。つかまればむろんただではすまないが、盗まれるより盗んだ罪は二つ三つなぐられるだけなので、盗まれただの紛失しましただのと素直に言う者は皆無に近い。しかし、個人の手におえないような重要なものは古参兵に相談する以外にない。だが、古参兵は員数をつけなければどうなるか知っているな、と強迫するだけである。兵営内で自殺する初年兵のほとんどは、訓練のきびしさなどによるものではなく、天皇から借りたものを盗られ、員数をつけることができなかった（または、そういう行為を否定する）者たちである。

軍隊では、心の優しい者や正直な者は常に被害者でいなければならないわけだが、盗まれたほうが盗んだ者より悪いという論理でいけば、**強かんされたほうが悪く、虐殺されたほうが悪い**ということで、兵士たちが戦場で罪悪感をもたず強かんや殺戮をやってのける根本的な原因はそこにあるといえる。

が北海道の部隊と交代して原隊に戻ることになったんですね。それで十一時に命令がでて、二時に出発しようとしたら、一人の兵隊の靴がない。で、「小隊中の靴をみんなみろ」といったら、「ない」。それで斬り込み隊がやったにちがいないということで、文句をいいにいったら、むこうの指揮官が「我々の部隊にそんな物を盗む兵士はいない」「じゃ、両方の兵隊、自分の靴をはいて一列に並べ」ということになって、とられた兵士が、むこうへいってみた。そしたら、あるわけですね。「それ俺のだ」といってもってくる。と今度、そいつのがなくなる。それでこっちへきて「それ俺のだ」とやる。するとその兵士がむこうへいって「俺のじゃないか、名前書いてある」。

これをね、十八回やったんです。

内海 十八回もですか。

高崎 命令から出発まで三時間の間に両方で盗ったり盗られたり。結局、なぜ、それをやるかというと、盗られた方が罪が重いからです。

内海 盗られた方が罰が重いなんて、なんでそんな考え方が出てくるんでしょうか。

高崎 それは、やっぱり天皇に結びついていますね、天皇の軍隊ですから。

「陛下から借りている、靴であり服であり、銃であり剣である。それをなくすとは何ごとか!」とこうくるわけですね。

内海 その発想でいったら、強かんもやられたほうが悪いというのが当然でてきますね。

高崎 ええ、当然でてきます。侵略された側も悪いということを現在でもいう者がい

奪取するためにそれを行なった例も少くない。

「従軍兵士ノ心得」

大本営陸軍部が「従軍兵士ノ心得」（第一号）という標題のポケット版二四頁の小冊子を、中国大陸の日本軍に配布したのは一九三八年八月であった。

時期的には徐州戦を終って漢口攻略戦を開始した直後のことだが、南京戦からかぞえると、終了後約八カ月ということになる。いったいなぜこの時期にそういうものを作成配布したのか、漢口戦は南京戦・徐州戦・上海戦などとならぶ、しかも中国大陸での日本軍の最後の大作戦であった。

だいたい、**「軍人勅諭」は軍隊教育の根本的なもので**、下級兵士といえども、一人のこらず最低「軍人勅諭」のいわゆる五か条は朝夕に暗誦していたはずなのだ。「一つ、軍人は忠節をつくすを本分とすべし」に始まるそれは、「礼儀」とか「武勇」とか「信義」とかの徳目をあげ、それらを重んぜよとか正しく行なえとかいうもので、わずか五か条のそれが軍人に徹底してさえいれば、いまさらそんなことをことあらためて強調する必要などまったくなかったのである。つまり「皇軍の一員タルヲ自覚セヨ」とか「上官ニ対シテハ心ヨリ絶対ニ服従シ且礼儀ヲ正シクセヨ」とか「同僚ハ互ニ他ノ犠牲トナルヲ楽シミ且礼節ヲ忘レルナ」などという主題は、あわてて小冊子を作成配布する必要のない問題なのだ。したがっていかにも不思議な話だが、しかしこれをていねいに読むと、実は右に記したような平凡きわまる諸点に問題があるのではなく、たとえば**「私慾ノ奴隷トナリ刹那的快楽ヲ得ヤウトスレバ結局軍紀ヲ紊リ軍律ニ照シテ処分セラレルカ、或ハ天罰ヲ受ケテ悪イ病気ニデモ感染スルノガ落チデアラウ」**というような、明らかに強かんについて記した部分や、あるいは**「民家ニ入ツテ品物ヲ取リ出シタリ、女ニ戯レタリシテ土民カラ惨殺サレ或ハ捕虜トサレタリシテ行方不明者トナル」**などの部分こそが問題であったのだ。「掠奪強姦勝手次第」とは南京戦参加兵士の合言葉であった。

（巻末資料2 参照）

ますから。しかし最後にでてくるのは、天皇、または天皇制です。

内海　強権的に上から抑えつける軍の規律はあっても、それを受けとめる、内側からそれに応えて内面化した規律をつくり出すことが全くなかったということですね。

高崎　そうなんですね――。だから、上官に反逆したり、上官の命令をきかなかったり、これはもう非常に厳しく問われても、上官との関係じゃなくて、敵側の兵隊あるいは敵側の国民ならば、余程のことでない限りは、ルーズなのが日本の軍隊です。敵側にはなにをしてもいいのです。

内海　強かんによって中国の民心がどのくらい日本から離れるかなんてことは考えなかったんでしょうか。

高崎　考えないんですね。南京事件直後にあわてて「従軍兵士心得*」なんていう小冊子をつくりますが、刑法は改正しない。僕らの頃も、こういいました、兵隊は。「こんなに苦労して、こんなに脅かされて、撲られて、軍隊になにかひとつぐらいいいことがなきゃなァ」というような。

内海　そのいいことが、強かんですか。

高崎　そう思いますね。

上官が見逃してくれるものがいいことなんです。

私思うんですが、見逃すってことは、兵士に対する天皇制軍隊の一種の報酬だったのではないかという気がするんです。兵士は「何かひとつぐらいいいこと」といいますが、上層も自分の腹を痛めないで兵士たちにしてやれる報酬ということで見逃した面があるようです。あるいは、自分たちだけが「いいこと」をする

——これは強かんではなく——「高級軍人用慰安婦」というものをもっていることで、兵士の叛逆を怖れたということもあると思います。

内海　上官が黙認した日本の兵士たちにとって「いいこと」が相手にどんな傷を与えたのか、戦後になっても一度も考えなかったのでしょうか。占領軍による強かん事件が頻発した時に、この人たちはどんな思いで、そのニュースを聞いたんでしょうね。敗けたから仕方がないと認めたのでしょうか。強かんはもちろん強かんの恐怖は心に深い傷を与えますよ。

私にも米兵に追いかけられたという記憶があります。ギブ・ミー・チョコレートの世代ですから、今から考えれば、ガムかチョコレートをくれようとしたんでしょうが、その時はわからなかった。突然ジープがとまって米兵が出てきたので夢中で逃げた。むこうが追いかけてくるので、他人の家にとびこんでかくれた記憶があります。それだけのことですが、私のなかに恐怖のしこりとなって残った。高校ぐらいまでは体調が悪いと、よく追いかけられる夢をみたし、最近まで赤い服を着られなかった。その時赤いセーターを着ていた記憶があるから。何よりも「アメリカ」が嫌いになった。

私のようなささやかな体験でも、戦後の一時期までずっとしこりのようなものとして残ったわけだから、強かんされた中国人女性、それを目の当りに見せられた家族はどんな言葉をもってしても語れないほどに日本人を恨んでいると思いますね。その憎しみは時間とともに消えるような質のものではないですね。力をバックに強かんする日本兵はまさに「東洋鬼」ではないんですか。

「初年兵教育」の目的

内海 日本の軍隊の中で兵士たちがそう思うようになったのはなぜなんでしょうか。

高崎 兵士が見栄だとか体験だとか恥だとか、そういうものを全部失わせるように教育するのが軍隊の教育なんです。兵士の方も進んでそうしなければ軍隊の中で生きられない。戦後社会というか今の企業にも似ているところがありますが、機械的に命令どおりに動くという、本能的なものが残るだけです。

内海 そうなったとき、自分より弱いものに対して攻撃的になるというのは本能的に出てきますか。

高崎 出てきますね。だから初年兵が二年兵になれば、今度は入ってきた初年兵にそれをやるわけですね。やられた初年兵は二年兵になって新しいのが入ってくると、またこれをやる。ところが戦場へ行くと、今度はもっと弱いものがいるわけですね。初年兵よりもっと弱いのがいる。今度はそれにむかっていくわけです。

内海 「強かん」をしないのが例外的存在だというふうにこの人は書いていますけれど。例えばですね、高崎さんも「初年兵教育*」受けてらっしゃる。自分の体験に照らして、中国戦線に放りだされたら、自分も同じ行為をしないという自信はないですか。

高崎 多分しなかったであろうという……。なぜならば、僕は失ってはいけないものがひとつあると思っていた。それは「俺は学生だ」ということです。

大学生なんていうのは、いまとちがって、若者の中のほんの一％か二％なんで

初年兵教育 しょねんへいきょういく

明治・大正のころは訓練を受けてない初年兵や未教育の補充兵を、いきなり戦場へ送ることは原則として行なわなかったが、太平洋戦争期は兵員の不足から初年兵教育の基礎（第一期の検閲のことで約三、四か月の基本訓練）も終らないままに、現地教育などと称して戦場へ送った。訓練を経ない彼等はたちまち戦死したが、初年兵は一年間訓練を受けてようやく一人前に達することを思えば、これは殺すために戦場へ送るようなものであった。

命令でメシを食うところ

軍隊は命令がすべてであるといえば、誰もがそうであろうと肯く。だが、命令によって行うということは、**命令がなければなにもやってはいけない**ということで、言葉としては理解できても、実際には馴れるまでに相当な時間がかかる。

たとえば、午前六時に起床ということは、**六時以前には絶対に起きてはならない**のである。それ以前に起きるのは自由だと思うのは大まちがいで、起きろという命令で起き、寝ろという命令があれば寝なければならないのである。あるいは、休めと命ぜられたから休憩時間はなにをしていてもかまわないと思い、銃の手入れなどしていようものならたちまちなぐり倒される。休めという命令なのだから、なにもしないで休んでいなければならないのである。ようするになにもしてはならないのである。しかたがないので、軍人勅諭でも暗記しようと思い、口の中でぶつぶつ言っていると、何を言っているかと怒られる。軍人勅諭を暗誦していますと答え、本人は賞められるつもりでいると、誰が御勅諭を暗誦しろと命じたか、と怒鳴られるといったぐあいである。休めということは、**考えることも学ぶこともしてはならない**のだ。こうなってくると、初年兵にとって休憩時間はなにをしていいかわからないわけで、便所へ行ってきますと逃げ出す以外にはない。命令がなければなにもしてはいけないのなら便所へも行けないはずだが、命令がなくても許可を得ればいいわけで、先きの軍人勅諭も、暗誦する許可を求めればよかったのである。兵士がいちいち便所へ行ってきますと班内の古参者に申告するのは、所在を明らかにしておくためだといわれているがそれは大ウソで、命令のないことを行うために許可をとりつけるのである。指揮官が命令をかけっぱなしでいれば、兵士はいつまでもその動作をやめることはできない。

す。入隊した翌日、「貴様はシャバでなにをやっていたか」と問われ、「学生です」と答えたら、古兵に、「学生も百姓も魚屋も同じなんだ」となぐられましたが、心の中で「一つだけちがうんだ、それはおまえらのように人間を人間とも思わない人種ではないんだ、俺には人間としての良心がある」と思っていました。

軍隊にいる間、僕はいつも自分にいい聞かせ続けていました。それを失ったら俺はもう終りだと。だから軍隊では当然つらいことになります。

内海 学徒兵の場合は、自分に対するプライドというのは維持できますね。では貧農の中から徴兵されていった人たちは、自分を支えるプライドをもちえないのでしょうか。

高崎 それはね、また自分の体験からいきますと、「俺は魚屋だとか」「俺は百姓だとか」「俺は自動車の運転手だ」とか、それを忘れないでいる以外にないと思います。

内海 その職業に、自分のプライドをかけている人はともかく、貧困のなかで生きるための労働に身をけずっている人たちにとっては、苦しい労働の思いが自分を支える価値になるでしょうか。

高崎 難しいですね、非常に難しい。ただ、農民であった者はですね、戦闘すれば弾(た)丸(ま)がとんでくるから、「ワッ」と畑でも田んぼでもかけるけれど、演習でもやりますけれど、あとでものすごく悲しそうな顔をしますね。

自尊心の崩壊

内海 また再徴集された兵隊のなかには家族もちもいたと思いますが、自分の家族に対する感情が、戦場における自分たちの行動を抑制する力になるということはないんでしょうか。

高崎 ――あんまりないようですね。それを考えると軍隊でも戦場でも生きられなくなる。

ただ、僕なんかの場合をいえば、もう日本が負けるのはわかっていたのですけど。焼夷弾*なんか落とされていましたので、東京、横浜は全滅になるであろうと。九十九里で重機関銃に高射脚*をつけていたんですけど、グラマン*がやってきますね。その時に何機かでも叩き落としておけば、自分の兄弟や母親が空襲から難を避けられるかもしれない、というような思いで生きた日があるわけです。

内海 軍隊の中では、自尊心自体が崩壊させられるので、兵士たちは即物的に対応していくことしかできなくなる。

高崎 自尊心のようなものを捨てさせるのが軍隊教育ですから。僕らの場合だと「俺は学生なんだ」と思う以外にないんです。撲られた時は、私は大学で第一外国語がドイツ語なんです、撲るっていうのはドイツ語で何と言ったかな――なんて考えるんです。靴は何ていったかなと考えていると「貴様、何考えてるか！」「何も考えてません」だけどそう答えながらもドイツ語で「考える」という単語は何かということを考えてました。

内海 精神的には逃避できる違った世界をもっていたわけですね。

高崎 学生のままで死ぬんだと思っていました。「その人の生涯が美しくあるために

焼夷弾 しょういだん
油脂焼夷弾・黄燐焼夷弾などの別があり、破裂後の燃焼の仕方に差異がある。黄燐の場合についていうと、破裂と同時に飛散し油脂よりも広い範囲に着火して、衣服に付着すると消しにくい。いずれも高温を発して燃焼するが、B29爆撃機は大量にこれを都市に投下した。一発二発なら消火もさして困難ではないが、紙と木でできた日本の木造家屋は三、四発落ちると防ぎようがなく容易に炎上した。

重機関銃に高射脚
重機関銃は本来地上戦闘のためのもので、対空戦闘を目的としてつくられた高射機関銃とは性能がちがう。しかし制空権を奪われている情況下では、高射用として使うことも多く、そのために地上戦闘用とは別の高射用の脚にとりかえ、照準器も高射用のものを取りつける。また、銃座も全方向を射撃することができるように円形に造り、その中心に重機を据える。

グラマン
アメリカの代表的な戦闘機で、航空母艦の搭載機。日本の各地を

は、その最期は悲劇でなければならぬ」というのが座右銘で、古参の下士官なんかに撲られても、心のなかでは服従しませんから、「何を言ってやがる、俺は学生なんだぞ」と。こういう言い方はよろしくないと思いますけど、自分を支えるために仕方なかったと思うんですが、「タカが魚屋じゃないか、魚屋なんかにわかってたまるか」という意識がありました。しかしそれにはわけがあって、私のような乙幹（乙種幹部候補生）はオチ幹（甲幹を落ちた者）といわれ、軍隊では一番軽蔑されていたんです。

どこの企業のなかにも生きている

内海　この論文でも、「命令であったとさえいえば免罪されるのがこの国の戦前・戦後を一貫する思想風土でありまた一般的な感情なのである」と書いてらっしゃいますけれど。

高崎　日本人は、それならしかたないとなりますね。アメリカなんかはそうじゃないようですね。命令でも納得できない命令には、一応理由を聞いたり、自分の意見を述べたりできるところが日本の軍隊と違いますね。日本の場合は全くそれができない。

内海　いまは企業が全く同じ構造の中で動いている。

高崎　軍隊と同じ構造だと思います。そうじゃないと、国内だけでなく諸外国の企業と争って、勝つことができないんじゃないでしょうか。

内海　そうすると、日本の戦前の軍隊を支えた構造が、戦後も形を変えて、生きてい

空襲した。B29は高空から爆弾や焼夷弾を投下するだけで、主として都市や軍事施設・軍需工場などを目標にしたが、グラマンは低空で飛来し地上に動くものならなんでも機銃掃射し、翼の下に装着したロケット弾攻撃も行なった。これに対し日本の戦闘機の反撃はほとんどなく、乗員も機数も消滅に近い状態であった。

落ちこぼれ下士官――オチ幹

戦争末期の特別甲種幹部候補生（特甲幹）や特別幹部候補生（特幹）は純然たる志願制だが、義務による徴兵では、**中等学校卒業以上の学歴をもつ者が半強制または強制的に幹部候補生を受験**させられた。そして将校に適した者を甲種幹部候補生（甲幹）とし、将校不適は乙種幹部候補生（乙幹）として下士官要員とした。成績の悪い者、つまり将校向きでない者が落とされて乙幹になったため、軽蔑または自嘲的にオチ幹と称した。

下士官には下士官志願をした職業軍人と、戦場に永くいる兵士が昇進した場合と、乙幹出身の三者があるが、乙幹出は無能の見本のような存在で、兵士からも軽く見られていた。その上、ただの兵士が五年も六年もの戦場経験でようやく下士官になるのに、わずか一年ぐらいで任官するため憎悪の対象でもあった。ただし、下士官の中には、甲幹がたちまち自分たちを追い越して上官になるため、甲幹の方にむしろ憎悪を燃やし、乙幹に同情的な者も少くはなかった。

乙幹の軍隊での処世術は乙幹出以外の下士官に一目置くことと、けっして学歴をひけらかさないことで、そうすれば軍隊内では一番気楽な位置にいられる存在であった。それを計算して故意に甲幹をオチる者もいた。ところで、不思議なことに**この三種類の下士官たちは**服装その他外見上に区別できるなにかがあるわけではないのに、軍隊に少し馴れると、**一見して識別できた**。服装・態度・言語等に隙のないのが職業的下士官で、形にこだわりすぎるが厳格であった。一方、鈍重にみえながら動物的な本能ですばやく対応するのが戦歴の永い兵隊あがりの下士官で、要領のよさは抜群であった。それに対し乙幹は服装も態度もだらしなく、行動に移る前に考えすぎ、あげくになんとかなるだろうとタカをくくる欠点があった。ようするに、ヤル気がないのである。だが、乙幹出には人間味のある者が多いのも事実のようだ。

る、ということですね。

高崎　そうですね。

内海　なぜ、個人の責任意識が日本の中では育っていかないんでしょうか。

高崎　やっぱり、何か、権威のようなものによりかかっているほうが安全だし、もうかるし楽だからだ、と思います。

内海　戦争裁判で裁かれた時、同じことが、でてきますね。命令だからやったと。そういう意味では日本人に罪意識は全くない。しかし、アメリカでもイギリスでも、命令になぜそのまま従ったのか、実行したのは個人の意志だというふうに認められますね。両者の命令に対する受けとめ方と、個人の責任に対する意識の違いっていうのがあの裁判ではっきりでてきたと思うんです。

　ところが、今日、私たちがやってきてることは、戦前の軍隊の中で培われた思想風土をそのままもちこんでいるという形ですね。

高崎　ええ、企業の中でも、命令に従わなければ、窓際になるか、出ていくか、追い出されるかしかないですね。だから全く帝国軍隊と同じだなァと。

内海　そこは敗戦によって少しも崩れなかった。形として軍隊は崩れたけれど、軍隊を支えた思想は戦後も崩れないで生き続けた。

高崎　ええ、どこの企業の中にも生きている、と思います。

「やり得」！

内海　高崎さんの論文の中で、強かんを問わない軍隊のあり方が戦後日本の思想に大きな影響を及ぼしていると、例えば小平義雄*のことが書いてあるんですが、もう少し具体的に、話して頂けますか。

高崎　そうですね——。道義的に問題になるとしても処罰されない、法に触れない、自分にとって得だと思うことは先を争ってとびつくのが戦後の人間の生き方になっていると僕は思うんです。国内でも対外的な問題でも個人も企業もみんなそうなっている。それは戦場の強かんと同じだと思うんです。

掠奪は罪になるが、強かんは罪にならない、ほめられはしないけれど。これは南京戦に参加した同じ中隊の古参兵に聞いたんですけれど「やり得」だというんですね。

内海　そうですか。

高崎　上が黙認してくれる。だからまっ先に何を探すかというと女を探す。何かそういう「やり得」というようなことが、戦後の衣食住の日常の全てにわたって、それまでたいへんつらい状況におかれていた日本人、それは軍隊の中でもつらい状況におかれていた兵隊とよく似ていると思うんですね。そういう状況の中で、戦争に生き残った人々が、「やり得」なことは何でもやるんだというふうに生き、それを戦争経験をもたない戦後の人たちがまねるというが、まねをしなければ生きられないような状況下で同じようにやり、さらにもっと下の世代つまりいまの若い人が、同じようなことをやって「中流」になった、それが戦後だと思いますね。ですからその犠牲になった人たちは強かんされたと同じなんです。

内海　そうすると、人にわからなければいい、法に触れなければいい、「やり得」だ

小平義雄　こだいらよしお　上海戦に参加した元海軍兵で、敗戦直後の食料難の時代に都市郊外や農村に食料買出しに出向く若い女性を言葉巧みにだまし、つぎつぎに強かんし殺害した。自供によると、かつて中国戦線で多くの中国女性を強かんしたことが忘れられなかったということだが、戦場では半ば公然と強かんが許容されていたことと、敗戦直後の明日を予期できない情況下の心理が彼を強かん魔にしたと考えられる。

という風潮が、戦後、軍隊の影響から強くなったとしたら、戦前には人々を律するモラルのようなものはあったんでしょうか。

高崎 そうですね。戦前社会には少くとも対内的にはあったと思うんです。

例えば、隣近所はどこの家もかかわりがあって、裏の裏まで知っていて、自分だけ出し抜いていい思いをするっていうのは、やっぱり非難されたと思うんですね。

内海 共同体の規律ですね。

高崎 ええ、それが戦後は対内的にもなくなった。そんなこと考えたんじゃ生きてはいけない。

内海 それと、戦後の混乱の中で生きていくためには多少のことには目をつぶるということがあたりまえになった。

高崎 そういうことを、戦場でやってきたから自分は生きてこられたんだと。あの時やらなかったら、生きられなかっただろう、ということが兵隊は誰でもあるんです。

非常に人間的な、理性的な人間ほど生きられないのが、帝国軍隊だし、戦場だと思います。

内海 良心的に悩んだら戦場では生きていられない。

高崎 ええ、生きられません。例えば食糧なんかでも、後から何かないかなんて、ノソノソ行っても、何にもありません。

だから、生きてきたということは、それをやったんです。仲間のものをも奪った。仲間のものを奪うくらいだから敵のものは何でも盗る。

だから戦後の混乱期、衣食住の全てにわたって欠乏した頃は軍隊とよく似ていた。その中で生きるには、軍隊で習い覚えた、なりふりかまわぬ素速さを地でいかない限り、戦後は乗りきれない、ということがあったと思います。

「食えなくなったら食わなければいい」と僕は思っている

内海　そうすると、私たちが戦争責任を考える時、こういう軍隊のありようをいちばん問題にしなければいけないですね。

高崎　そう思います。日本の軍隊にはそれこそ諸悪の根源が揃っています。

内海　戦後、高崎さんは、こういう作業をずーっと積み重ねていらっしゃるのですが、天皇の軍隊で生きてきた人たちが、そのありように対して、批判の目でとらえかえすことは少いように思うんですが。

高崎　結局、少くとも、僕の年齢以上の者は男女にかかわらず軍隊または戦争の体験をもっているわけですね。多かれ少なかれ戦時下を生きてきたんですから、戦時下はむろんのこと戦後社会でも他人の足をひっぱったり、他人を出し抜いたりして生きてきたわけです。だから戦争責任を考えると、それは自分を否定することになりますね。自分も群の中のひとりとしてそういう行動をとって、戦後をいまに生きのびたんです。

内海　それを戦後変えることが、できなかった。

高崎　できなかった。しかし日本人には難しいですね。それを変えようとすると、自分自身をズタズタにしないとできませんから、それに耐えられるほど日本人は精神的に強くない。

僕なんか時間がないから、戦争文学をこのままの状態でやっていては死ぬまでやっても終らないから、学校をやめたのですが、その裏にはもうひとつ別の理由があるんです。

それは、食いたいものを食い、着たいものを着て、豊かに暮そうとすれば、あの戦争下と同じような生き方をこれからもずっとやっていかなければならない。そしてそれはもうイヤだと、飢え死にしたらしたでいいじゃないかという思いがあるわけです。

ああいう競争原理のようなもので、人生をこれからも送っていくのはもうたくさんだと、一種のドロップアウトのような行動でもあったわけです。

そんなことをして食えなくなったらどうするか、ということをよくいわれますが、食えなくなったら食わなければいいんです。その覚悟をつけられないと「食うため」になんでもどんなことでもすることになります。

内海　高崎さんのように戦争をひきずり、戦争にこだわり続けて戦後を生きている人たちがいる一方で、戦後民主主義教育を受けた私たちの時代は、そこと断絶したところで生きている。

同じ日本人の中で、体験として、それを継承して、思想化していく作業が、非常に弱くしかできていないという思いが、私はずーっとありました。私たちが戦争責任を考えるということはどういうことなのか、今日的意味においてですね。

日本人が自らの手で戦争責任を考え直す時、いったい何からやっていかなければいけないんだろうと考えているんですが。

高崎　天皇の率いる軍隊からやる以外にないと思います。

内海　天皇の率いる軍隊が何だったのかということを克明に洗いだしていく——。

高崎　ええ。しかし、従軍慰安婦とか、強かんの問題などは女の人でないとやれない。男は絶対にやらないと思います。それは戦後四〇年の研究成果や戦中世代の問題意識によってもはっきりわかります。

内海　強かんが戦争の語られざる部分として残っている、それに光を当て、日本の帝国軍隊を書かなければいけない。そしてそれは男だと書けない、ということですね。

高崎　男はだれもやらないから、女の人がやる以外にないように僕は思います。

特に戦中世代——つまり軍隊経験のある者には期待できません。四〇年間それをやらなかったということは永久にやらないということです。「少国民世代」も、たとえば疎開などで軍隊と似た体験をしていますから、つまり、元兵士に準じて「要領」を心得ていますから、戦中世代よりはマシですがこれもあまりあてにはできません。期待できるのは女性だけでしょう。

内海　そうですか。高崎さんからの提起をどう具体化するのか、宿題を背負った感じですが、これからも今日のテーマを考え続けていきたいと思います。

今日はどうもありがとうございました。

5 軍隊とはこんなところだった

岡本愛彦

小雨の降る二月のある日、岡本さんはいつもの人民帽をかぶって、重そうなカバンをさげてやってこられた。インタビューにそなえて、ノートにぎっしりとデータが書きこまれている。

いつお会いしても几帳面で、自らを律して生きていらっしゃる。過去の誤ちを現在の行動で償う。それは口でいうほど簡単なことではない。思いをこめた数々の名作を世に送るとともに、一市民として活動にもかけまわっている。

いい加減に生きてきた私などは、お会いするたびに「まずいなあ」と思ってしまう。

状況がきびしくなればなるほど、同じ志をもつ先輩として頼もしくみえる。岡本さんには、どことなく大人（たいじん）の風格が漂っている　　（U）

内海　「天皇の軍隊」について、これまでもかなり語られていますが、そのわりには私たちは実態を正確には把んでいないのではないかと思います。どうも実感としてとらえにくい。その一つの問題として、皇軍の全体の構造が見えにくいことがあります。触れたくないものとしてさけてきたということもある。だから、軍歌も知らない、兵隊の位も知らない、それでいて野間宏の『真空地帯』や五味川純平の『人間の条件』などは読んでいて、断片的な知識だけはもっているわけです。歴史的事実として軍隊の正確な知識、批判的とらえかえしを放棄してきたことが、どうも今日の私たちが軍隊についての全体像をもてない理由にもなっていると思うんです。

岡本　全くそうだと思いますね。

内海　岡本さんは『私は貝になりたい』[*]というテレビドラマを制作していますし、私の個人的なことでいえば、「二〇世紀アワー」で岡本さんのつくられた『ある告発・二十四年目のBC級戦犯』をみてはじめて朝鮮人戦犯の問題を教えられた。

『私は貝になりたい』
題名・遺書／加藤哲太郎　脚本／橋本　忍　制作・演出／岡本愛彦　出演／フランキー堺・桜むつ子・佐分利信・南原宏治・垂水悟郎・佐野浅夫・内藤武敏・高田敏江・河野秋武・ジョージ　ファーネスほか。
BC級戦犯問題を通して戦争責任を追求しようとしたテレビドラマ。一九五八年十月三一日TBSから放送。一時間四〇分。
平和文化賞、芸術祭大賞を受賞。

それは私が『朝鮮人BC級戦犯の記録』*を書く出発点になっています。私達が戦争を考える時、これまで岡本さんがなさってきた数々の仕事が大きな影響を与えています。そこで岡本さんにはいろいろ伺いたいことがありますが、今日は特に天皇の軍隊がどういう構造になっているのか。例えば、兵と将校の処遇がどう違うのか、誰が将校になれて、誰がなれなかったのかということを含めて、今岡本さんが研究されている天皇の軍隊の機構をわかりやすくお話ししていただきたいのですが。

天皇は西からきた！

岡本　その話に入る前に、『天皇制研究』9号の「天皇の軍隊」の第一回、高崎隆治さんへのインタビューを読みまして。おもしろかったのは、天皇について「西の殿様」っていう表現がありましたね。私も同じようなことを聞いてましてね。NHKからTBSに移籍して最初の仕事をした時に、日本橋茅場町の近くでしたが、あることを調べていたんですね、たまたま天皇の問題に触れたんです。当時、一九五七年でしたが、八〇歳を越えていた、日本橋にたった一軒しかない足袋のこはぜを作る家のおばあさんが私の耳に顔をさっと近づけて、「岡本さんー、天子様、天子様っていうけどねー、あの人は西からきた人で、江戸には何の関係もない人なんですよ。江戸には将軍様という方がいらしたんですからね」って言うんですね。もう三〇年近くも昔の話で、その方は間もなく亡くなられてしまいましたけれど、天皇と民衆との関わりを考える上で、興味深い話だと思いましたね。

──『私は貝になりたい』TBSテレビ番組広報提供

*『朝鮮人BC級戦犯の記録』内海愛子　勁草書房　一九八二年
二〇一五年、岩波現代文庫

内海　戦争中、天皇を神格化しようと権力が必死で努力したのに、そんなこと知らんぷりして見ていた人たちがいたんですね。表面には何も出さないが、お腹のなかでは「フン」と思いながら「なんだあいつは西からきたヤツじゃないか」と思っていた人がいた。

岡本　江戸に明治新政府がつくられて、何の実権もなかった人が突然きたわけですね。下級武士が肩をいからせて歩いていくためにはかなりの無理をしなきゃいけなかったんじゃないかと思うんですね。

それと水戸学*の流れをくむ、天皇を神格化した連中がそれといっしょくたになって、天皇のイメージを作りあげていく必要が当然あっただろうと思います。政治家のなかで中心になったのが、公家(くげ)出身の岩倉具視と長州の山県有朋です。岩倉は、「国論分裂の際には神格化した天皇を引っ張り出せばいいんだ」と、側近にぬけぬけと言っている程です。天皇を神格化していくなかで、同時に自分たちのステイタス、地位をですね、思いきりあげていく必要があるということでかなりの無理をする必要があったと思うんです。天皇の軍隊が最初にできた時ですからね。そこらへんの無理がずうっとたたって、やがて軍の崩壊のいちばん大きな理由にもなってきているんじゃないかと思うんです。

内海　江戸庶民が腹の底で嘲笑う感情を感じていたからこそ、薩長の田舎ざむらいが天皇を無理矢理神聖化して自分たちの飾りにしようとしたんですね。

岡本　もう一つは、天皇を神格化していく中で、触れてはいけない部分をつくっていくことによってですね、全ての思想とか、全ての哲学が、そこにみんなぶつかっ

水戸学　みとがく
儒学（朱子学）に国学と神道を加味し、皇室尊崇を説いた歴史観。後期水戸学は、徳川斉昭の保護のもとに、熱烈な尊王攘夷論として昂揚していったが、討幕論にまでは昂まりえず、維新のエネルギーとはなりえなかった。しかし明治以降の右翼イデオロギーの中には、時として古めかしい顔をのぞかせることがあった。

て思考停止を余儀なくされ、バラバラになって崩壊していくんです。仏教とか禅といった外来哲学は別として、日本に哲学っていうものが全然うまれてこない。その理由が、天皇の神格化過程の無理にあると思うんですね。明治の天皇が登場する前には、何人かの哲人といわれる人が、禅とか仏教の世界で登場しているんですが、明治以降は、私は残念ながら近代哲学というのは生まれなかったと思っているんです。

内海　天皇制が、日本人の思想の自由を奪っているわけですね。すべての思想が天皇制という器のなかに盛られなければならなかったので、自由な思考が奪われていった。

岡本　それは、薩長の藩閥がですね、天皇と天皇制を背負いながら、江戸にいたもうひとりのテンノウ、つまり東の天皇である将軍を徹底的に打倒していくために、全てを西の天皇に帰納してしまう哲学体系みたいなものを無理矢理つくろうとした。だから、日本の帝国陸軍・海軍は最後まで哲学をもちえなかったんだと思うんです。

軍隊の機構

陸軍幼年学校は幼稚園ではない

内海　陸軍幼年学校、陸軍士官学校の話を中心に、これから軍隊の機構を伺いたいと思います。

岡本　**陸軍幼年学校**の原型は、明治五年、士官学校と並行して作られるんですね。近代的制度のもとで**陸軍士官学校**が確立するのが明治七年。東京、仙台、名古屋、大阪、広島、熊本の六カ所に陸軍幼年学校ができたのは明治三〇年です。

設立目的にはこういうことが言われているんですね、

「陸軍将校の根幹は、幼年学校出身者をもってこれを造り、一般公衆より採択した者を、同化せしめんことを期す」

一般公衆より採択した者というのは、中学校とか一般の社会から陸軍士官学校に入ってくる人たちをいうんですね。この人たちと幼年学校出身者をいっしょにして、陸軍士官学校を形成するんですが、その中心はあくまで陸軍幼年学校出身者であるということなんです。

内海　それでいつも幼年学校出と中学出がぶつかりあうわけですね。この「幼年学校」という名称は、幼稚園を連想してしまうのですが、入学資格は小学校を卒業した人たちですか。

岡本　旧制中学校一年を終了した学力をもっている者ということに一応なっています。ですけれど一年から入ることは非常に難しいんで、だいたいは二年終了からです。

例外的に、一年終って入る人はいますけれどね、例えば明治大学教授の宮崎繁樹さんなんかは、中学一年から東京陸軍幼年学校にお入りになってます。

内海　そうすると小学校卒業して中学に入って、そこから幼年学校を受験するわけですか。

■明治三〇年＝一八九八年

現役将校への道

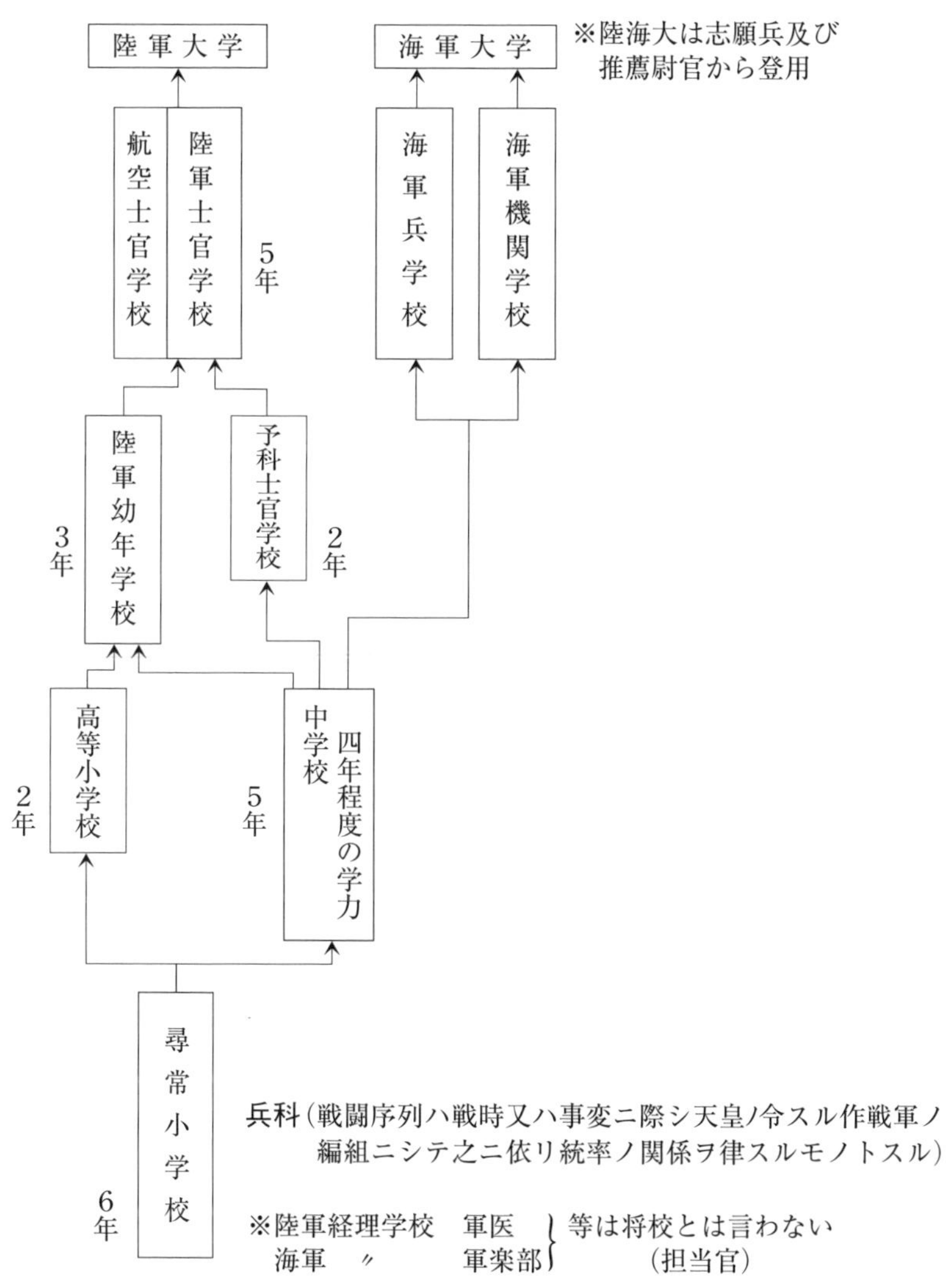
陸軍大学
海軍大学
※陸海大は志願兵及び
推薦尉官から登用
航空士官学校
陸軍士官学校
5年
海軍兵学校
海軍機関学校
陸軍幼年学校
3年
予科士官学校
2年
高等小学校
2年
5年
中学校
四年程度の学力
尋常小学校
6年
兵科（戦闘序列ハ戦時又ハ事変ニ際シ天皇ノ令スル作戦軍ノ
編組ニシテ之ニ依リ統率ノ関係ヲ律スルモノトスル）
※陸軍経理学校　軍医
海軍　〃　軍楽部
等は将校とは言わない
（担当官）

岡本　そうです。あるいは高等小学校に入って二年を終ってから入学する人もありました。

それで幼年学校は三年制ですから、旧制中学校卒業と同じになるわけですね。それから陸軍士官学校に進みます。

内海　それでは、幼年学校三年を終了すると、士官学校へすすむというようになるのですか。

岡本　そうです。

内海　この幼年学校は一般の中学校と比べてどのようなカリキュラム上の特徴があるのですか。

岡本　午前中は旧制中学の三年、四年、五年と同程度の学科、午後は剣道・柔道・馬術・水泳・軍事訓練といった実科だったようです。学科の中できわ立った特徴は、必修として英語、ドイツ語、フランス語のどれかを徹底して教えられるという点がありました。将来幕僚として留学した際に困らないようにという配慮でしょうか。

徹底した英才教育だったようです。何しろ一校一学年がたった五〇人ですから陸幼の同期生は全国で三百人しかいないわけです。陸軍士官学校を出たあと陸軍大学校に進む人たちの大半が、この陸軍幼年学校出身者でした。

統制派と皇道派

岡本　恐らくこの辺、内海さんのおききになりたいところだと思うんですが、昭和初年になって、まあ軍の一部だけですが、統制派と皇道派に別れていきます。**統制**

派の中にはテロの犠牲になった永田鉄山がいますが、あの人は東京陸軍幼年学校から陸軍士官学校と、成績は常にトップ、そして確か中尉の時に陸軍大学校へ見事入って、非常に若い参謀になった人です。少尉から中尉になりますと、連隊長（大佐）の推薦のあった人に限って陸軍大学校を受験することができます。出世コースに乗れるか、佐官どまりで予備役編入から退役の道をたどるか、ここで一生が決ってしまうわけです。

中尉という階級は、平時ですと三年から五年やらなければいけない階級ですから、中尉で入って中尉で陸軍大学校をでる人もいれば、その間に階級があがって大尉ででる人もいます。大尉で入ったんだけど、でた時は少佐になっているという人も中にはいます。

大尉くらいまではだいたい同じペースであがっていくんです。

内海　年数によって自動的にあがっていくわけですか。

岡本　ええ、ただ平時には少佐にあがる時に大分差がつくんです。少佐にあがる人とあがれない人とがでてきます。大尉で予備役編入という人もいたくらいですから。陸軍士官学校をでても、将官になれた人は三～四％なんです。ただし、敗戦間際には将校もどんどん戦死して消耗しますから、おっかけて量産していかなきゃいけないということがありますから時間は短くなりますけれど。

内海　永田鉄山は、昭和初期に若くして参謀になったわけですから、たいへん優秀だったということですね。

岡本　ええ、だから陸軍大学校を卒業して参謀懸章*下げてましても、一番早い人は中

参謀懸章　さんぼうけんしょう（肩章とも書く）
師団以上の単位には、その長（師団長・軍司令官）の作戦立案に協力するスタッフとしての幕僚数名がおり、これを参謀といった。参謀は右肩から右胸にかけてモール状の懸章を下げており、出世コースに乗った人のステイタス・シンボルと見られていた。昔、この懸章の先端には作戦をメモするペンが下がっていたが、のちにペンは単なる飾りものになった。

尉でさげてますし、片や少佐になってやっと下げてる人もいるわけです。

彼ら陸軍大学校出身の参謀、つまり幕僚たちは、選ばれた少数のエリートだという気持ちが強いですから、自分たちの手によって、帝国陸軍をコントロールしていくんだという気持ちがだんだん強くなっていきます。高級官僚としての管理意識が強くなっていくわけですね。軍は幕僚たちによって完全に統制されなくてはいかんという、ここから統制派という名前がでてくるんですが、我々のことばでいう「幕僚ファシズム」の意識がおこってくるわけです。

それに対して、陸軍大学校に受験するための推薦さえ受けられなかった人たちの中で、特別にうつ勃たる志をもち、プライドの高い連中は、「俺は天皇の将校だ」という意識が一層ねじ曲って強くなっていくわけです。第一線にいって金鵄勲章*かなんかをもらった人たち、あるいは剣道が強い勇ましい連中、たとえば永田鉄山を斬殺した相沢三郎中佐なんかが、荒木貞夫大将の周辺に集まってくるわけです。非常に簡単に言ってしまうと、極めて少数の秀れたエリートたちは統制派を形成し、そうでない実戦派の中の精神主義的な連中はだんだん**皇道派**を形成していくわけですね。同じ陸軍士官学校を出た者の中でも、エリート街道を歩む連中と、ドロップアウトして差別されていく連中に別れていって、ドロップアウトした連中の中には、実戦の中で出世することを考えて戦争待望論にどんどん傾いていく人たちもいました。自分たちは参謀のコースは歩めないけども、実戦の指揮官になっていこうというコースを、いわば心中秘かに選択し始めるわけですね。

金鵄勲章　きんしくんしょう　軍人（将校、下士官、兵）にのみ与えられた勲章。他の勲章がすべて勲何等であるのに対して、金鵄勲章は功何級という分類になっており、功一級から功七級まであった。実戦での勲功に対して与えられるものだったが、なかなか貰えるものではなく、兵でも功七級を貰った人は、将校で金鵄勲章を持っていない連中から一目置かれたものであった。一時金（天皇からの御下賜金）がつくことが多かった。だが、ただの兵隊にとっては手足とひき替えか命とひき替えのものだった。

イデオロギーは後からくる

内海　自分の存在を主張したいという気持ちもあるでしょうし、実戦になれば、オレの方が強いという意識があるから、どこかで腕だめしというか戦争を望む気持ちが出てくるのでしょうか。イデオロギーは後からついていくわけですね。

岡本　多分そうだと思いますね。

二・二六事件の時をみると一番はっきりするんですね。主謀者といわれる将校三〇数名の中で、陸軍幼年学校出身者は、仙台陸軍幼年学校出身の安藤輝三、村中孝次を含めてたった四人しかいないんですよ、あとは全部旧制中学出身です。ドロップアウトとはいいませんけれど、主流ではなかったということですね。参考ですが、北一輝と行動を共にした西田税は、広島陸軍幼年学校から陸士に進み、騎兵中尉で身体をこわして退役しています。

内海　両者の分離というのは敗戦の時まで続いてきますね。東条英機と山下奉文の確執もそこにあると聞いています。

岡本　蛇足ですが、大正十二年の関東大震災の時、無政府主義者の大杉栄と妻の伊藤野枝、それにオイの七歳になる橘宗一少年が、東京の憲兵司令部内で憲兵大尉の甘粕正彦に殺されて古井戸に捨てられる事件が起こります。実は、大杉栄は名古屋陸軍幼年学校を退校させられて東京外語に進み無政府主義者になった人。一方、殺した甘粕は、同じ名古屋陸軍幼年学校の、大杉栄の五年後輩なんですね。

幼年学校出身の中には、劇作家の岸田国士（名幼）[*]、小説家の山中峯太郎（阪

■大正十二年＝一九二三年

名幼　名古屋陸軍幼年学校
阪幼　大阪陸軍幼年学校

幼)[*]、詩人の三好達治(阪幼)などという変り種もいるにはいるんですが……。

兵隊にも試験があった

内海 大体将校の方は、少しわかったので、兵隊の位階のシステムについて教えて頂きたいのですが。

学校出の中尉とか少尉とか将校になっていくコースと、小卒か尋常小卒で徴兵されて下から上がっていくコースと二つありますね。この表[*]にもとづいて、兵隊から下士官になっていくコースについて説明して下さい。

表→121ページ

岡本 はい。満二〇歳になると役所から徴兵令状がくるわけですね。敗戦間際には一年繰り下げて満十九歳になりますが。兵役は二年間です。入りますと二等兵の位です。三カ月厳しい訓練を受けまして、**第一期の検閲**があります。

内海 初年兵教育をおえた後の第一期検閲はよく聞きますが、これは何のことですか。

岡本 つまりね、三カ月でどのくらいきちんとした兵隊らしくなったかということを師団長が調べるんですね。**視閲**(しえつ)とも言ってましたが。

内海 訓練の成果を試験するわけですか。

岡本 ええ、それで初年兵の成績が悪いと、教えた教官たちは、自身の評価が下がるものですから、将校や下士官は初年兵を撲ったり蹴ったり非常に厳しい訓練をしたようですね。

それが終ると第二期の検閲が三カ月後にあるわけです。

内海 二期の検閲が終ると半年たつということですね。

陸軍の階級（日中全面戦争以降）

	武官			
大将の中から元帥府に列された人を元帥と称される	従三位		元　帥	
	正四位		大　将	親任官
	従四位	1等	中　将	勅任官
将官以上閣下と称される	正五位	2等	少　将	勅任官
	従五位	3等	大　佐	奏任官
	正六位	4等	中　佐	奏任官
陸軍将校とは兵科部隊の指揮をとる士官（主計・軍医・軍楽を除く）任官した少尉以上中将までを高等官（1等〜8等）と称する	従六位	5等	少　佐	奏任官
	正七位	6等	大　尉	奏任官
	従七位	7等	中　尉	奏任官
	正八位	8等	少　尉	奏任官
		1等	準　尉	判任官
下等士官（下士官）志願兵任官兵とも称される		2等	曹　長	判任官
		3等	軍　曹	判任官
		4等	伍　長	判任官
			（兵　長）	
兵士は徴兵令に基づく義務兵士			上等兵	
			一等兵	
			二等兵	

＊士官候補生は少尉任官後、陸大入学や将官を望める。少尉候補生は少・中佐止まりで、陸軍大学校の入学者はいない。

作図：奥田豊己

岡本　そうです。半年間無事に病気もせずに何とかついていきますと、日中戦争期の場合は、全員が**一等兵**になるんです。

内海　そうですか、どうやらついていけば六カ月で一応一等兵になるんですか。星が二つつく。

岡本　ええ。ただし、敗戦の二、三年くらい前、根こそぎ動員ということで、補充兵*という人々が入ってくるんですが、これらの人々は入ってきた時は星がないんです。

内海　星ナシの赤ベタというヤツですね。

岡本　赤ベタが星一つになるまでに何カ月もかかるんですね。一年かかったりすることもあるんです。要領の悪い人は。

　平時というのは、六カ月で一等兵になってから、あと一年半を一等兵のままでいるか、ゴマすりその他で要領のいい連中は**上等兵**になるということです。そして上等兵のうち成績のいい人に対しては、連隊長から下士官候補生の試験を受けないか、という誘いがかかるわけです。平時には下士官になるということは非常に難しいことで、貧しい農村出身の次、三男にとっては、大変な出世ということでした。

月給とりの兵隊、下士官

岡本　**下士官**というのはね、伍長から上で、判任官*です。伍長の上が軍曹、その上に曹長、特務曹長、これはのちに准尉ということになりましたが。兵隊はいわば消耗品で、月々僅かな小遣いを与えられるだけなんですが、下士官になるということ

太平洋戦争段階では、三カ月で一等兵になった。

補充兵　ほじゅうへい

徴兵検査では甲種と乙種の人が合格、丙種、丁種は不合格であった。

　太平洋戦争の激化に伴い、本来軍務に不適格とされた人々（例えば強度の近視の人とか、身体が特に小さい人）、つまり丙種、丁種の人々の一部までが現役兵として召集され、第一線に送りこまれていった。これらの人々（星が一つもない赤ベタの階級章をつけていた）が補充兵と呼ばれていた。前線で身体がついていけず、病で倒れる人が多く、悲惨だった。

判任官　はんにんかん

天皇制下の最下級の官吏の階級。判任官の上に高等官、その上に奏任官、勅任官があり、最高の階級としては、天皇が直接本人に会って任ずる親任官があった。

　判任官には、それぞれ何等という等級があった。それぞれの階級は、言ってみれば宮中の式典に参

とは、いってみれば国家の血税を月給としてもらう、当時の兵制でいえば天皇のスタッフになるということです。それから恩給の対象にもなります。

昔は上等兵の上がすぐ伍長だったんです*けれど、兵隊が増えてきますとね、そうそう下士官を増やすわけにもいかないので伍長勤務上等兵を金筋一本の**兵長**という位に変えて下士官の任務につかせるわけです。日中戦争が始まってからですけれどね。

内海　兵長は、日中十五年戦争時の産物ということですね。下士官への誘惑は強かったのではないでしょうか、何しろ月給が出るんですから。それに恩給の対象になるとしたら貧しい人たちは励んで下士官になりたがりますよね。上等兵でいるよりいいですからね。*

ところでこの兵長だと下士官、判任官ではないから、月給も、もらえないわけですね。

岡本　戦後の軍人恩給では、在職期間によって出るようになりますけれど、昔は兵隊というのは恩給はでなかったんです。一時金でお払い箱です。

内海　一八九〇年に軍人恩給法*ができた時は、兵隊にはでなかったんですね。准士官以上が対象になったんですね。

岡本　そうです。

下士官候補生の試験は、非常に難しかったようです。それを突破しますと、日中戦争の前は、ある期間「**伍長勤務上等兵**」という役職を与えられます。*試験に受かって、伍長に任官するまでの試用期間です。これを約三カ月無事にこなし

加する場合の席次に当るとされていた。

傭人、雇員を除く下級官吏、下級警官も判任官からスタートしていったが、旧制帝国大学卒業者等で高等文官試験等に合格して官僚となった者は、判任官をとばしていきなり高等官七等になったし、陸軍士官学校、海軍兵学校（平時はともに五年制）を出て少尉に任官したものも、いきなり高等官七等であった。

上等兵のなかには、伍長勤務上等兵という地位のものもあった。

軍人恩給法・法四十五号
明治二十三年＝一八九〇年

シベリア出兵の時は、試験に関係なく優秀な者を伍長勤務上等兵に任命した。

ますと、晴れて判任官である伍長になるわけです。

「伍長になる」ということはね、一般の小作農とか炭鉱労働者出身の者にとっては、ほんとに垂涎の的だったんですよ。

内海 なにしろ月給が出るし、衣食の心配もない。判任官だとエラクなったような気がするし、「地方」での生活では考えられなかったような権力ももてる……。

岡本 その通りです。だからそのためにはもちろん軍務には精励するし、ゴマもするし、ひどいやつになりますと自分の上官に、玉の井*に身売りしていた妹を抱かせたりした破廉恥なやつもいたと、そういうことが書かれた資料を読んだことがあります。なにしろ下士官になって上の位まで出世していくことができると四〇歳ぐらいまで軍隊で働くことができるわけですから。農村の次男、三男にとっては、お役所に勤めると同じことですからね。本人さえがんばれば、伍長から軍曹→曹長→特務曹長（准尉）というふうに昇進することができたわけですし、さらに**特務少尉**になっていく道も開かれていた。

内海 特務少尉というのは何ですか。

岡本 陸軍士官学校出身ではなく、下士官から上がってきた人につけられた階級です。これも実に差別的で、いやな言葉ですね。

内海 金鵄勲章なんかをもらうのもこの人たちが多いわけですね。

岡本 そうです。実戦、実務のベテランです。実際にはこういう人々が、軍隊をリードしていたわけですが……。

いずれにせよ、少尉から上は高等官になります。少尉は「尉」という字が示すよ

玉の井 当時亀井戸にあった私娼街

うに天皇の周囲を守るということになるわけですね。「辺にこそ死なめ」となっていくわけですね。尉は、大昔はジョウと呼んでいました。

どんなにがんばっても少尉まで

内海　そうすると、二等兵から上がっていった時は、ふつうはどんなにえらくなっても少尉でおしまいですか。

岡本　平時とか軍縮の時代ですと、大体は曹長か特務曹長ですね。ごく例外的に少尉になった人がいましたが、この人たちは四〇歳位になっています。陸軍士官学校（五年制）を出た人たちが少尉になるのが、二二、三歳ですから、格差が大きいですね。戦争中には少佐までいった人もいましたが。

内海　こういうたたきあげの下士官の上に、学校を出たての若年の将校がくる。実戦でたたきあげた下士官が、位だけは上だが軍隊のメシをあまり食ったことのない学校出をバカにするという話がよく出てきますね。今の官僚、キャリア、ノンキャリアの話を聞いているようですね。東大出身のキャリアが、上のポストを渡り歩いてエラくなっていく中で、ノンキャリアが黙々と実務をこなす。官僚組織である点は、どちらも同じですから当然なのでしょうが。

岡本　全くそうです。

それで、実際の戦場ではやっぱり大変なベテランですから、中隊長（大尉）にとって一番頼りになる部下は下士官ということになりますね。

内海　日本の軍隊を支えたのは下士官だとよくいわれますね。この下士官―月給とりの兵隊になれない人たちはどうするんですか。

岡本　だから下士官に上がれなかった**古参の一等兵**とか、**古参の上等兵**とかによってね、軍隊内のリンチが卑劣な形で行なわれていくわけですね。下士官候補の試験に推薦してもらえなかったとか、二回も三回も落ちたとか、しかし故郷へ帰っても仕事がない、軍隊にへばりついていたいという人たちが、ほんとうは除隊なんだけど、古参上等兵として志願で残っているわけです。そのなかでいじめが、陰湿な形で拡大していくということがあったようです。

内海　この古参上等兵は判任官ではないから、月給はないし、恩給対象にもなりませんよね。ただ口べらしのために軍隊にいるということになりますか。外へ出ても仕事もないし……。

岡本　天皇の軍隊では、こうした陰湿な古参兵による隊内リンチを、統制上の理由で利用していたように思えるフシもあるんですね。リンチがあったことは、当時の社会では公然のことでしたから。なぜあんなことが許されていたのか、実に不可思議としかいいようがないんです。端的に言うなら、天皇制に何の論理もないことの対極に、天皇の軍隊の不条理があったということで、当然といえば当然なんでしょうがね。

軍隊はタテワリ社会

内海　そういう兵隊に、隊長とか隊付きの将校たちが「やめろ」と命令する権限はあるんですか。

内務班　ないむはん　戦地を除く軍隊内の最小生活単位。

岡本　あります。

内海　では間にいる下士官、古参の上等兵をとびこえて二等兵に命令するということはありえませんか。

岡本　それはありえません。兵舎生活をしている時は、中隊長が隊付きの准尉にいう。准尉が**内務班長***にいうわけです。

内海　「上官の命令は朕の命令なり」とよくいわれるんですが、この命令は直属の命令以外は兵は従ってはいけないということになるんですね。

岡本　そうです。軍隊生活の単位は中隊なんですが、ある中隊の将校が別の中隊の下士官に注意するということもありえなかったんです。

内海　極端なことをいえば大元帥陛下の天皇、これはちょっと複雑になりますので東條英機とでもしておきましょうか、東條が兵隊に命令しても、直属の上官でない限り彼の命令を聞かなくてもいいというのが日本の軍隊だということですか。

岡本　その通りです。あくまで直属です。ほかの内務班長——戦時編成では分隊長になるんです——が、命令してもこれは聞かなくていいことになっているわけです。だからそのことがね、閉鎖的なタテワリ社会をつくっていくということになるわけです。

それで絶対に上にものがいえないし抵抗できない、命令を拒否できない、ＢＣ級戦犯の方々と同じように、下から上に向かっては全くものがいえないという社会でもあるわけですね。

班長は原則的に軍曹であり、その下に伍長が一～二人、上等兵以下の兵が三〇～四〇人という構成であった。寝室・食堂・兵器手入れ室等の一切を、この内務班の部屋が兼ねていた。リンチは、この内務班内で行なわれることが多かった。

なおこの内務班は、戦時編成では二箇分隊（一箇分隊は一五～二〇名）となった。

分隊、小隊、中隊、大隊、連隊、師団

平時編成では、日本全国に二十一箇師団が配置されていた。一箇師団（歩兵の場合およそ一万名）には三～四箇連隊が、一箇連隊には四箇大隊が、一箇大隊は四～五中隊、一箇中隊は三～四箇小隊、一箇小隊は二～三分隊に編成されていたが、軍縮時代と戦時では兵員の数がかなり増減していた。

なお、師団単位では動きのとりにくい戦場では、一箇師団の半数（兵員五千名）で旅団を編成し、師団付きの陸軍少将を旅団長に当てることがあった。

陸軍組織

死亡率が高い少佐

岡本　戦地で一番死亡率が高いのはですね、歩兵の場合は、少佐、つづいて大尉なんです。**少佐**というのは大隊長です。大隊というのは、大体、四箇中隊約千名の軍隊ですね。平時は連隊が単位なんですが戦時ではどうしても、大隊単位で動くことが多い。実戦的にはいちばん動かしやすい単位なんですね。歩兵ですと、突撃の時、一番先頭を突っ走っていくのが大隊長の少佐で、その周囲にベテランの準尉とか第一中隊長の大尉とかが固めてるんですね。つまり、三角形の丁度頭のところを大隊長が走るんですね、当然、相手側の狙撃兵が狙うのは大隊長ということになるんです。

内海　大隊長は後方で指揮をとるのではないのですか、この突撃の時連隊旗*はどこにあるんですか。

岡本　連隊全体で突撃するということはまずありません。二〇代後半から三〇歳の少佐と違って、連隊長（大佐）は四〇歳台の中年ですからね。第一大隊がまず突っこんで、第二大隊、第三大隊が突っこんで、一番最後に連隊長が連隊旗といっしょにとことこ後をくっついていくということなんです。

一方我々の航空兵科*では「戦隊長」っていうことになるんですね。戦隊長の少

連隊旗　れんたいき
乃木希典が西南戦争で連隊旗を奪われ、大いに責任を感じていたという話は有名。全国の連隊は、第五師団第十六連隊というように第一連隊から一連番号が付けられており、それぞれの連隊に対し、天皇が連隊旗を直接手渡した。従って連隊旗は天皇そのものであるとして、極めて厳粛に扱われ、連隊旗手は、陸軍士官学校出身の気鋭の陸軍少尉がこれに当った。
この他に、各大隊には大隊旗があった。（師団旗というのはない）

航空兵科　こうくうへいか
地上兵科　ちじょうへいか
陸軍には大別してこの二つの兵科があった。航空兵科はさらに「操縦」「通信」「整備」の三つの兵科にわかれた。
地上兵科は「歩兵」「砲兵」「工兵」「騎兵」「通信兵」「戦車（機甲）兵」「船舶兵」「輜重兵」「憲兵」「法務官」等々の兵科にわかれていた。
航空兵科の中の「操縦」を代表

昭和12年当時，陸軍は，
全国で，24箇師団

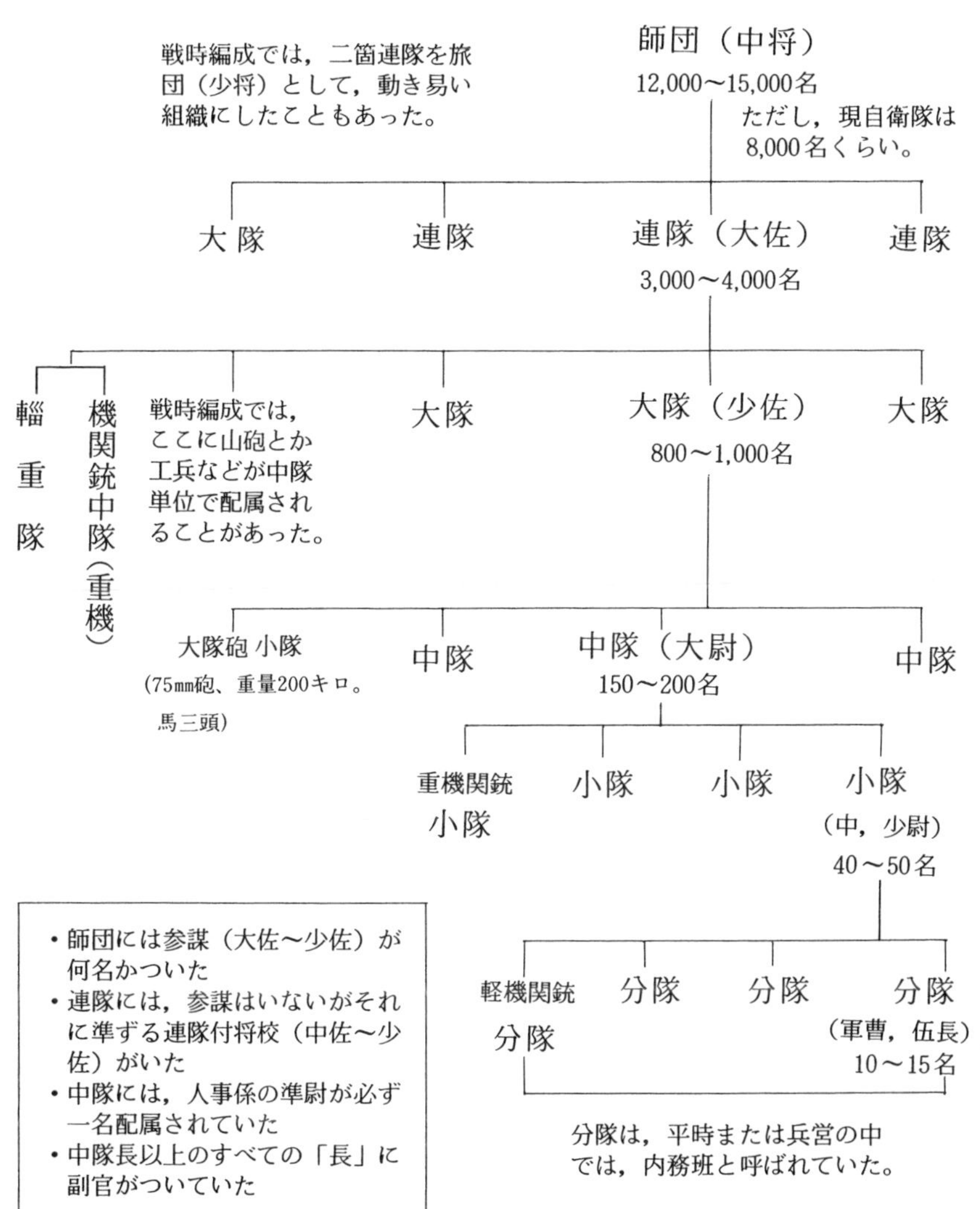

佐は三六機の戦闘機をひき連れて一番先頭を飛ぶわけです。

内海 それを狙えばいいというわけですね。

岡本 ええ、兵法の常として、一番先頭をくるやつをまず落として指揮系統を混乱させるわけですね。そうすると今度は第一中隊長が戦隊長にかわって先頭に出るわけです、先任の大尉が、撃墜された少佐に替わって戦隊長の職務を遂行するんですね。地上兵科*でも同じです。

だから少佐・大尉というのが一番死亡率が高いんです。一九三七年の日中戦争拡大以来、この少佐とか大尉をどんどん補充をしなければならなくなって、陸軍士官学校出の将校だけじゃ間にあわなくて、やがて民間出身の予備役の人たちの中から補充するんですね。

内海 それでよくわかりました。大隊長が、突撃の時に逃げて、かくれていた、卑怯(ひきょう)なやつだと書いたものを何かで読みました。大隊長が先陣を切るというのを知らなかったものですから、その意味がよくわからなかったのですが。

岡本 ああ、そうですか。でも僕は、多少問題発言かもしれませんが、大隊長がどこかへ逃げたなんていうのは人間的で好きですね。もっとも、逃げるんなら兵隊全員と一緒に逃亡するか捕虜になるべきでしょうが。

私なんかも、戦うのがほんとに恐ろしくて恐ろしくて。陸軍予科士官学校を卒業して本科に進む前に兵科の希望を出すわけですが、半分ぐらいが航空兵科に回されてしまうんですね。できたら航空兵科の中でも一番安全性の高い航空通信に行きたいなと思ったりね。鉄砲撃ったり戦わなくて済みますからね。陸士の本科

する戦闘機隊の基本単位として、地上兵科の大隊に相当する「飛行戦隊」があった。

通常一箇小隊が三機、一箇中隊が九機、一箇戦隊が三十六機であり、戦隊長は陸軍少佐だった。

陸軍予科士官学校・陸軍予備士官学校

現役陸軍将校を養成する機関として、陸軍教育総監部のもとに単一の陸軍士官学校(東京市ケ谷)があったが、一九三七年、日中戦争拡大の年に、この中の前半二年間を陸軍予科士官学校として分離、翌一九三八年には、本科の中の航空兵科を陸軍航空士官学校として分離独立させた。以上三校

は航空兵科の基礎を一年やりまして、二年に行く時、航空通信兵科に進んで見事希望を達成しましたが……。

内海　長い時間かけて、先陣を切るのを逃げたわけですね。

岡本　一生懸命、逃げたんです。先程のお話の逃げた大隊長の話ね、どういう方か知りませんけれど、私はすばらしいと思うな。

内海　でも、この人が平時にはいばっていて、一番いさましいことをいうというのであれば兵隊はやりきれないでしょうね。人間、追いつめられた時に本性が出るんでしょうが、その過程で、おうおうにしてこういう人の声が大きい。いさましいことをいうんですよね。慎重論を罵倒しての無責任な勇しさとでもいうんでしょうか。

陸軍士官学校での体験

陸軍士官学校入学

内海　岡本さんは、航空通信にまわされて、どうにか戦闘に参加することから逃れられたということですが、少し岡本さんご自身の陸軍士官学校での体験をお伺いできますか。

岡本　あまり想い出したくない話ですね。……私が陸軍予科士官学校*に入ったのが昭和でいうと十八年の四月。航空士官学校に進んだのが十九年の三月なんです。実

は全く一体のものと考えられており、陸軍予科士官学校入校の時点に、地上兵科、航空兵科を問わず「同期生」となった。一方、陸軍予備士官学校は文字通り「予備役」の将校を養成する機関であり、一期・二期の検閲を終った初年兵の中、一定の学歴のある成績優秀の者が、本人の希望と中隊長の推薦によって「甲種幹部候補生」試験を受験、合格したのち、全国各地（中国、朝鮮、台湾にもあった）の予備士官学校に入校、約一年間の訓練のち見習士官となり、その後予備役陸軍少尉となった。しかし戦時中は強制的に「現役志願」をさせられ、そのまま現役の陸軍少尉として実戦に参加していった。

なお、見習士官のまま実戦に参加した人々も極めて多く、敗戦当時の日本の実戦部隊の将校の六～七割が、予備士官学校出身者であったとされている。

この他に、沖縄戦に特攻として突っこんでいった人々の大半を占める「特別操縦見習士官制度」出身の人々がいたことも、忘れられてはならない。

はこの年の秋、つまり昭和十九年十一月にですね、私は外科的なケガをしてしまい、学校の目の前にある豊岡陸軍病院というところへ入りまして、そこで実は逃亡未遂事件を起こしているんです。

昭和十九年の春には、もう私は完全に反戦的になっていたんです。実は私の親父が上野の東京音楽学校出身の音楽家でしてね。それで私も、事情さえ許せば美校に行きたかったんです。ところが姉が重い結核にかかって、家がひどい貧乏になりまして。医学の進んだ現在とは違って、当時は結核患者が一人でもですとね、金がかかるものですから、家の中がめちゃめちゃになっちゃうんですね。それで親父から上級学校進学をあきらめろといわれて、旧制中学五年を出ると就職するつもりでいたんです。そこへ昭和十六年十二月、「太平洋戦争」が始まるわけです。翌年昭和十七年に入ると、私がいた大連では、徴兵がどうやら早くなりそうだという噂がひろまるんです。それまで、旧制高校とか大学に行っている人たちにあった徴兵猶予がなくなりそうだということがいわれてました。旧制中学五年を卒業すると十七歳と何カ月。徴兵検査が満十九歳だとすると、中学を出て一年少々で兵隊にとられてしまう。軍隊についてはいろいろ聞いて知ってましたからね。二等兵で虫ケラのように死ぬのはいやだ。といって徴兵を逃げることは実際上できることではない。そんなこんなでかなり絶望的になってまして、どこか逃げ込むところがないかと探していたら、学資の要らない陸軍士官学校があったということで入ってしまったんですね。

■昭和十九年＝一九四四年

■昭和十六年＝一九四一年

内海　お生まれは朝鮮でしたね。

岡本　ええ朝鮮です。朝鮮に一年、そして幼年期の十年余りを台湾で過ごしてまして、そのあと旧制中学の五年間が大連です。

内海　朝鮮―台湾―満州と旧植民地を動いていらっしゃるのですが、お父さんの転勤ですか。

岡本　ええ、親父は三歳年上の柳宗悦の影響を強くうけた自由主義者だったんですね。一九一五年に上野を出て、室内楽運動をやってすぐ潰されて、やむなく音楽教師になったんですが、帝国主義時代の文部省に嫌われているものですから日本の内地*では全然仕事が与えられないんですね。それで大連とか朝鮮だったらあるというのではじめ大連に、続いて朝鮮に行って、いまの朝鮮民主主義人民共和国の黄（ファン）海南道（ヘナムド）の海州（ヘジュ）面で、師範学校の音楽の先生をやって、そのあと日本に帰って来たかったらしいんだけれど、結局帰って来れなくて台湾に転勤して行くんです。昭和十二年に日中全面戦争ということになるんですが、このあたりから音楽教育と日本の政策が対立しはじめるんですね。やがて台湾での総督府の官吏としての音楽教師という立場に我慢できなくなって辞表を叩きつけてやめてしまうんです。昭和十三年の初春の頃で、まだ四五歳の時のことです。そして一自由業者というルンペンとして大連に行くんです。

収入のほとんどない状態で姉が病気でたおれる。悲惨でしたね。そんな中で僕は中学を卒業する。上級学校進学はやめてくれということになる、戦争は始まる、中学を出て一年少々で徴兵検査がくる、全く八方塞がりなんですね。

そういう状態で陸軍士官学校に入ったんですが、入っていきなり幼年学校出身

内地　ないち　**外地**　がいち　戦前、一般に国民が使っていた呼び名。朝鮮・台湾・関東州など日本の植民地支配下にあった地域をはじめ、旧満洲国・中国本土・樺太（サハリン）・千島列島・南洋諸島の旧日本委任統治地などを外地と呼び、本州・北海道・四国・九州などを一般に内地と呼んだ。（北海道の人の中には、本州のことを内地と呼ぶ人もあった。）

琉球（沖縄）の人々の中には、今も本州・北海道・四国・九州のことを「内地」と呼ぶ人々がいる。

徳川以来一貫して民族差別を続け、沖縄を本土決戦第一号の土地として犠牲を強い、戦後、日本全国の米軍基地の七〇%以上を沖縄へ押しつけて恥じようとしないヤマトンチュー（日本人）への、怒りのこもったウチナンチュー（沖縄人）の一つの表現であると岡本は受けとめている。

の連中とポカポカ始まったわけですね。えらいところに来ちまったなと、全くいやになっちゃったんです。

内海 いきなり、ポカポカとはどういうことですか。幼年学校出と中学卒とが仲が悪いとは聞いていましたが。

岡本 ひどいもんでした。二日に一度は幼年学校出に撲られました。あちらは三年間将校生徒として鍛えられている。こちらは文学とか美術にウツツをぬかして、ボケーッとして入ってきたわけですから、調子が合うわけはない。よく撲られたもんです。それを士官学校では「切磋琢磨」というんです。消燈後やっとベッドにもぐり込んでやれやれと思っていると、「岡本出てこい」と同期生が怒鳴るんですね。真っ暗闇の演習場の松林まで連れていかれてポカポカです。「貴様の今日の態度は何だ！」といわれて一方的に撲られる。撲り返せないんですね。幼年学校出の連中は軍の学校ではまあ先輩みたいなもんですからね。

結局私の場合、敗戦まで二年半の間に誰も撲りませんでしたから、撲られっ放しです。同期生は勿論、六十期、六十一期の連中に対しても誰一人私は撲らなかったですね。それだけに、幼年学校出の連中に対しては、今でもチョッピリ怨みみたいなものを感じてます。

内海 東條英機が、陸軍航空士官学校を目の敵にしていたと聞いたことがありますが。

岡本 先般亡くなった「憲法擁護国民連合」代表委員の遠藤三郎元陸軍中将が反東條英機の急先鋒の一人だったことは有名ですが、遠藤中将は実は、私が予科から航

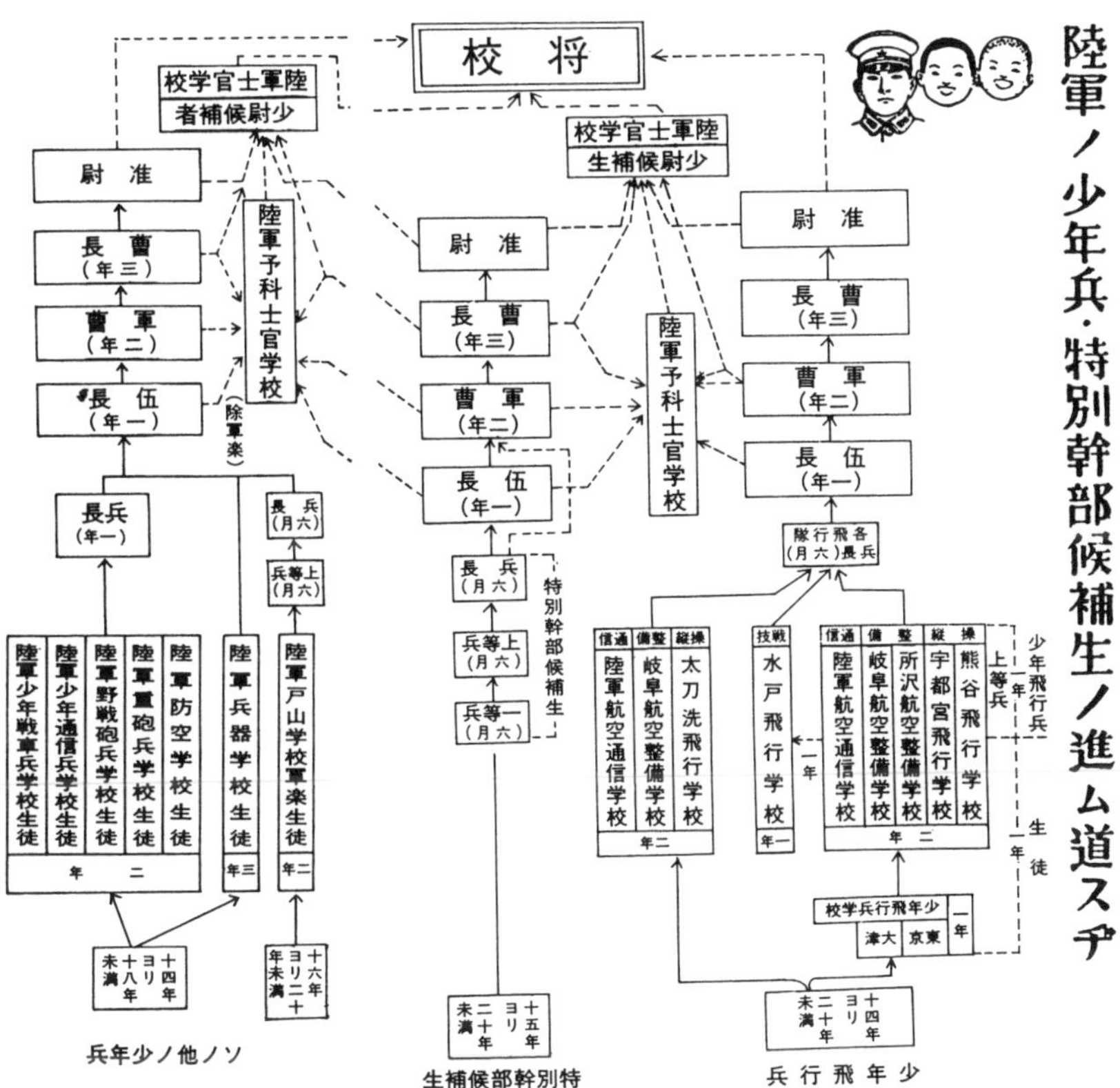

『少年倶楽部』一九四四年三月号より

空士官学校に進む直前まで航空士官学校の校長だったんです。私が入った頃の校長は、日本ではじめて飛行機をとばした徳川好敏中将でした。

スチュードベーカー（アメリカ車）でやってきた東條英機

岡本　陸士では、予科から本科に進むとすぐ隊付き*に行くんですが、その前に、これが非常におもしろいんですが忘れもしません、昭和十九年五月四日午前五時にですね、まっ黄色の将官旗*をつけたスチュードベーカーが、埼玉県入間郡豊岡町にあった陸軍士官学校を襲うんです。「東條英機」だったんですよ。

　陸軍航空士官学校は当時「東條暗殺計画*」の拠点だったんですね。それと同時にはっきりいうと、東條好みの大和魂がないと見られていたわけですね。陸軍航空士官学校というのはね、一言でいうとアルチザン、つまり技術者集団なんですね。電気やエンジンがわかり、通信や航空力学がわからないと飛行機は飛ばないわけですから、大和魂でいくら「突撃！　進め」なんて言ったって、ガソリンが無きゃ飛行機は飛ばない。だから東條がどんな調子のいい演説をやったって、戦争は負けてるってことを皆知ってたんですよ。そんなことをいったって南方から石油も入らなくなっている。部品の生産はまるで追いつかない。「大和魂じゃエンジンは動かねえんだ」というふうになっていくわけです。

内海　「心に日の丸、手に技術」なんて言いますが、「手の技術」が心を裏切る。割合に合理主義なんですね。その目で見ると東條の精神論が薄っぺらく見えてくるんでしょうか。

隊付き　たいづき　**士官候補生**　しかんこうほせい

陸軍士官学校（航空士官学校を含む）では、予科を卒業して本科に進み士官候補生という肩書きを与えられると、少人数ずつ全国の実戦部隊に配属され、実際の軍隊の内務班生活をしながら軍務を学ぶことになっていた。平時には八～六カ月だったが、敗戦近くには一カ月程度に短縮されてしまっていた。これを隊付きといった。

　本来は、隊付き訓練をした隊が、今度はその士官候補生を陸士の本科に留学させるという形になっており、本科の課程を終了した士官候補生は、今度は見習士官としてその隊（原隊）に戻り、そこで陸軍少尉に任官することになっていた。ただし敗戦前にはこの制度は崩れていた。

　岡本の場合は、新潟県高田市（現上越市高田）の航空通信連隊に士官候補生として隊付きをした。

将官旗　しょうかんき

旧軍では、軍刀の下げ緒（紐）の裏の色が決っていた。将官（大

岡本　それが東條は非常に気に入らなかったんですね。結局教えてる教官がだめなんだということで、そんな奴は全員第一線に追い出してしまえというんで東條が航空士官学校を襲うわけです。その日の午後、我々は講堂に集められましてね、士官候補生たちの前で中隊長・区隊長*をはじめ、教官全員がものすごく罵倒されたわけです。よくもまあヒステリックに、我々の尊敬する教官たちに罵詈雑言を浴びせられるものだと腹が煮えくりかえったものです。
　その事件の直後に航空士官学校の区隊長や教官たちの大多数が第一線に追いやられてしまったんですよ。そしてそのあとに誰が来たかといいますと、神奈川県の座間にいまは自衛隊がありますけれど、当時地上兵科の大和魂の陸軍士官学校があったんです。ここの、航空のことをなに一つわからない区隊長・教官連中が大挙してやってきたわけです。当然、我々一部の士官候補生たちとぶつからざるを得ないんですね。

小説『赤いネクタイ』

内海　ぶつかったということはどんなことですか、具体的には。

岡本　これもあまりしゃべりたくないことなんですが、東條事件の直後、私は『赤いネクタイ』っていう小説を書いてましてね、これは陸軍士官学校からの逃亡をテーマにしたものだったんです。

内海　あの、士官学校当時じゃないでしょう？

岡本　当時ですよ。

将・中将・少将）は黄色、佐官は赤、尉官は青だった。これと同じように、将官の乗る車には黄色の旗、佐官の車には赤い旗、尉官の乗る車には青い旗がつけられていた。
　なお、この他に元帥旗というものもあった。

東條暗殺計画　とうじょうあんさつけいかく
　一九四二年・昭和十七年六月のミッドウェー海戦での惨敗のあと、東條英機の無謀な戦争拡大政策に反対して幾つもの東條暗殺計画が練られ、東條の腹心だった憲兵隊や特高警察によって摘発されていた。主要なものとしては、海軍の高木少将を中心とする動き、東條を批判して投獄され、昭和十八年十月に抗議の自刃を遂げた右翼政治家の中野正剛の遺志を継ぐグループの動き、遠藤三郎中将（前陸軍航空士官学校校長）追放に反対した航空士官学校グループの動き等があった。
　この他にも、二・二六事件で刑死した西田税（北一輝の腹心・陸軍士官学校出身元騎兵中尉）の志

内海　えっ、当時ですか。

岡本　ええ、昭和十九年の五月の末です。だからこれでもう、あたう限りのリンチを受けたんです。新任の区隊長が抜刀して怒り狂ったのを覚えています。

内海　発表したわけじゃないですよね。

岡本　発表なんかできやしません。原稿が私物の中から発見されてしまっただけです。当時抜き打ち的に区隊長*の私物検査っていうのがありましてね、かくしておいたものが発見されちゃったんですね。実は、当時ベッドを並べていた寝台戦友*の大島勇志君と何年振りかで大阪で会ったんですが、彼は『赤いネクタイ』が自分の私物（荷物）から出てきて迷惑したと言ってました。ベッドが隣ですから、多少混乱があったのかもしれません。大事件でした。それで私に対するマイナス評価が決定的になったんです。それ以来、私の身上調査には、「神経衰弱」「要注意」っていうふうに赤で書いてあって、いまでもずーっと、厚生省援護局の倉庫にその人物考査表が残っているらしいんです。

逃亡をさそった「勘太郎月夜」

岡本　その年の十一月にたまたま外科で陸軍病院に入院して、海軍がはじめた神風特別攻撃隊のことを知り、やがて陸軍も特攻をはじめたことを聞いて、逃亡を考えたんです。病院からの逃亡の方が、士官学校からの逃亡より楽だと思ったんでしょうね。荷物を風呂敷包みにして逃げようとしたところを見つかっちゃったんです。これまた、コテンパンにやっつけられてね、ひどい目に会いました。この事

を継ぐ鳥取久松会の一部の動きなどもあり、昭和十九年前半には、「東條を暗殺しなければ戦局の転換は不可能」と公然と口にするものさえ出てきて、東條政権は危機感を強めていた。この年七月、サイパン日本守備隊の全滅を契機に、東條内閣は瓦壊し、一連の東条暗殺計画も消えていった。

区隊長　くたいちょう　クラス担任の教官。陸軍士官学校出身の中尉・大尉のうち優秀な将校たちがこれに当てられており、そのうちから陸軍大学校に進む人も多く出た。
陸軍士官学校の生活も中隊単位であり、中隊長は、一般の軍隊長に当る少佐か、あるいは中佐であった。

寝台戦友　しんだいせんゆう　軍隊の兵舎の寝室では、鉄製のベッドが二つずつくっついて並べられていた。この、ベッドが隣りあっている二人のことを寝台戦友といった。朝、寝具をたたむとき、夜ベッドを作るときに、二人が組になって作業をすることになっていた。

件については、七、八年前に東京12チャンネル（現テレビ東京）でドキュメンタリーになったことがありました。あまり想い出したくない話ですが……。

内海　撲られたんですね、営倉入りはなかったのですか。

岡本　撲る蹴るどころか、飯は食わせない……、ひどいもんでしたけどね。実は、逃亡しようとしたその日の夜、その豊岡っていうところでね、村祭りをやってたんですよ。敗戦の前の年の十一月、あの頃でもスピーカーで流行歌を流してるんですね。小畑実の「勘太郎月夜」ってやつです。

この曲のことだけはいまでも忘れられないんだけれど、それ聞いていて、たとえ逮捕されてもいい、死刑になってもいい、とにかく俺はここから脱出するんだと思いつめてしまったんですね。

内海　〽影か柳か勘太郎さんが……、というあの「勘太郎月夜」が逃亡をうながしたんですね。シャバが恋しくなった……。

岡本　いやー、アッハハ、全くそうでしたね。

でも当時逃亡が仮に成功したとしてもね、いわゆる非国民ということになるわけだし、両親とか妹とかがみんなひどい目に会うわけだし、まずうまくいったとしても結局逃げ場がなくなってどこかで自殺っていうことになったでしょうけどね。

だから私の場合は、非情な陸軍士官学校を経験しましてね。

内海　陸軍士官学校の中でそういう思想をもったり、『赤いネクタイ』というような反戦小説書いてたという人に、初めてお会いしました。

岡本　まだほかにいるんですよ、二年先輩の五十七期にも逃亡者が出ています。皮肉にも当時の校長は、例の遠藤三郎中将でした。逃亡できずに首をつって自殺したり、銃で自決した人も何人かいます。現在の感覚で考える以上に、逃亡は難しかったわけですね。実は、海軍兵学校っていうのは、理数系の強い人が入るんですね。陸軍士官学校というのは、だいたい、人文関係、国語、漢文、地理、歴史に強い人が入ってくるところです。だから割と文学青年が多かったんです。

内海　当時は、自分の進路の選択の幅が狭かったので、軍人になりたくなくても入った人がけっこういたんですね。

岡本　何だか自分に免罪符を与えているようで嫌なんですが、そういう人がたくさんいましてね。特に最底辺の社会にいた人たち、小作農の次、三男とか工場労働者や筑豊の石炭労働者の息子たちとかがその貧しい階級から抜けだすためには、軍人になることが一番現実的だった時代でしたから。海軍兵学校・陸軍士官学校は学費は一銭もいらないんです。

内海　それに師範学校も学費がいりませんでしたね。

岡本　師範学校は、成績によって全額免除、半額免除、全額私費と三段階あったように記憶しています。

士官学校にあった変革の思想

内海　給料は出ないんですか。

岡本　兵隊と同じ程度の小遣いがでました。毎月三円から五円ぐらい出たと思います。

それでも卒業しますと陸軍少尉、高等官七等ですから、完全にそれまでの出身階層を抜け出して新しい社会に入っていけるんですね。

だから、別のアングルからの見方をすれば、中学校を出て士官学校へ入った底辺社会の人たちによって、軍隊のなかに変革の思想というものが根強くもち込まれていくわけですね。この外からの変革の思想は陸軍士官学校には根強くあった一つの思想だと思うのです。それが現状打破ということにつながっていく。

ただし、軍人が政治を変革するのだという思想は、決して認められてはならないことです。

内海　この変革の思想とはどういうことですか。幼年学校出の頭が軍人用につくりあげられてしまっている人に対し、中学出は柔軟性をまだもちえていた。それが、軍の現状への批判となって内側から変えていこうとする力学を生んでいったということでしょうか。この変革思想が二・二六なんかにつながっていく……。

岡本　ええ、そういうことが言えると思いますね。その前の五・一五の時も、陸軍士官学校の士官候補生が十一名参加してますけどね。

さっきもお話ししましたように、二・二六事件参加者の三十数名の将校のうちの大多数が中学校出身者で、その半数近くが貧農出身ですね。

内海　でも昔、中学に行かれたというのはかなり豊かな家庭だったんじゃないんですか。

岡本　ええ、そうです。ただいま申し上げた貧農たちの中には、中学に行ってない人もいるわけですよ。「**専検**」というのが、当時ありました。「専門学校入学資格検定」というんですが。

内海　いまの大検、大学入学資格検定と同じようなものですね。

岡本　「専検」を通った人たちも、陸軍士官学校に入ってくるわけです。

内海　「早稲田講議録」がよく読まれたのは、こういう人たちがいたからですね。

岡本　ええ、そうです。現に、私の同期生の中にも、中学に行けずに「早稲田講議録」のみによって、陸軍士官学校へ入ってきた友人もいました。

誤解して頂きたくないのは、先程の変革の思想についてですが、底辺出身の士官候補生たちの現状打破、変革という心情も、結局は天皇制という体制の中での変革にすぎなかったという点ですね。ですから彼等の志は、結局天皇制ファシズムへの起爆剤にしかならなかった。そこに彼等の愚かさと限界があったことは、はっきりさせておかなければなりません。誤った歴史観の中での純粋さは、犯罪にしかならないのです。

徴兵！

内海　前に岡本さんから、**徴兵**というのは非常に恐怖だったとおききしましたが。

岡本　これは、恐ろしかったですね。昭和十八年の三月に旧制中学五年を出ますとね、私は、満十七歳と何カ月ですね。徴兵年齢の一年繰り上げが噂になっていましたので、あと一年数カ月で徴兵検査がくるわけです。昭和十八年ですから、もう敗北が決定的になっているということを知っていましたから。

内海　敗北を予感しながら兵隊にとられるのは、ムザムザ犬死にするような気がして、

■昭和十八年＝一九四三年

よけい恐い。漠然たる不安と恐怖をもちながら確実な死を待つ。耐えられませんね。

岡本　戦場で兵隊がどんな形で死んでいくのか、多くの人が知っていました。そんな時代ですから、二等兵で死ぬことの恐ろしさ、これはやっぱりとっても堪えられないという気持ちでしたね。

内海　死ぬ哲学ばかりを教えられ考える、生きる哲学をもちえない時代ですね。

岡本　そうですね。

それで、当時はもう陸軍士官学校というのは幕僚や軍閥をつくりだす学校じゃなくて、消耗品としての下級指揮官を補充していく学校というイメージを、もうみんなもっていました。少尉に任官してまもなく戦死するだろうというのが九九％の人の考えだったと思うんですけどね。

内海　それでも陸軍士官学校の競争率は高かったようですね。

岡本　あとから聞いたところでは、何十倍だったとかいうことです。

幹部候補生

岡本　旧制中学や商業・工業高校などのいわゆる中等学校五年を出た男性はですね、軍事教練*の成績が配属将校*によって合格と認定された人である限り、さっきお話ししたように、徴兵で入営して一期、二期の検閲を終えると、**甲種幹部候補生**の試験を受ける資格があったんです。

内海　甲種幹部候補生というのは、陸軍士官学校のシステムとどういう関係になるん

軍事教練　ぐんじきょうれん　**配属将校**　はいぞくしょうこう　「治安維持法」公布と同じ大正十四年四月、「陸軍現役将校学校配属令」が公布され、それまでは予備役または退役陸軍将校が中心となって非公式に行われていた軍事訓練（教練）が、大学、高等専門学校、中等学校等で、現役将校によって正式に行われることになった。

この年五月、軍縮の波の中で陸軍は四箇師団を廃止、多数の陸軍士官学校出身の将校が余剰人員となり、これらの人々が各学校に配属されていった。もちろんそこに、治安維持、学校監視という目的があったことは否定できない。

配属将校は学校の教育方針の枠外に置かれたため、良心的な教師や学生との間にトラブルが絶えなかった。一九三五年（昭和十年）八月に永田鉄山軍務局長を斬殺した相沢中佐は、台北高等商業に配属将校として赴任する直前であった。

ですか。

岡本　これはあくまで予備役の下級将校を作るシステムでした。旧制中学以上を出た人は普通の人たちと同じに徴兵検査を受けて入るわけですね、初年兵として一期、二期の検閲を終って、具体的には中隊長から幹部候補生の試験を受けないかといわれて、推薦され、受験し、ある一定の成績を修めた人は**甲種幹部候補生**となって陸軍予備士官学校に入るんですね。そこまでいかなかったけれどまあまあという人は**乙種幹部候補生**ということになって、これは下士官候補ですね、乙幹、オチ幹なんていったもの*です。

内海　落ち幹ですね。そうすると幹候になれるのは旧制中学卒業程度以上ということですね。

岡本　それで戦争間際までは、一年間の幹部候補生の生活と、見習士官の段階を終って、それから**予備役の少尉**に任官するんです。だから民間の学校からいらした方は予備役の少尉に任官するんですね。予備役少尉に任官するんだけれど、戦争中は直ちに現役志願をさせられて、現役の陸軍少尉になるんです。ただ、陸軍士官学校出身者に較べて昇進は遅かったですね。

内海　予備役という言葉がよく使われるのですが、この予備役の少尉とはどういうことですか。任官するならば現役ではないのですか。

岡本　戦時の軍拡を必要とする時のために、予備に置いておくというのが、無給の予備役の将校なんですね。ただ日中戦争の拡大と共に将校の戦死者も増加し、正規の陸軍士官学校出身の現役将校だけでは間に合わなくなり、予備役の人を大量に

オチ幹→101頁

現役に切りかえて前線に送りこむ必要が出て来たんです。そこで、一度少尉に任官させたあとすぐ予備役に編入しておいた民間の学校出身者を現役に復帰させて戦場に送り込んだわけです。

内海　旧制中学卒業以上の人は甲か乙に進むチャンスが一度はあった……。とにかく幹候になると一年間どのような教育をうけるのですか。

岡本　あくまで教練の成績がよかったこと、一期、二期の検閲を優秀な成績でパスすること、幹部候補生試験に合格すること、この三つが必須条件ですがね。教育は下級指揮官としての兵の掌握と、作戦の初歩といったところです。

内海　見習士官の生活とはどういうことですか。

岡本　**見習士官**の階級はですね、曹長です。見習士官は実戦部隊に配属されましたから、中国や仏印、いまのベトナムですが、フィリピン、ビルマなどの戦線で戦って、見習士官のまま戦死した人も大勢いました。前線では少尉と同じことをやらされていたようです。もっとも、日本陸軍の悪いところですが、古参の意地の悪い上等兵や下士官は、なかなか言うことを聞いてくれなかったようです。

敗戦末期の学徒兵、金筋一本に星三つ

内海　昭和十八年、文科系の大学生の徴兵猶予が取り消されるわけですが、かれらは二等兵から順番にやっていくんですか。

岡本　基本的にはそうです。ただし、軍縮の時代から戦争の時代へと進むにつれて、逼迫度（ひっぱくど）が違ってくるわけですから、だんだん制度が駆け足になっていくわけです

ね。敗戦の四、五年前からはですね、「あなたが大学や高等専門学校からすぐ来てくれるのなら、陸軍中尉や少尉にいきなり任命するから」、という制度がだんだん生まれてくるんです。

「**特別操縦見習士官**」――略して「特操」といってましたが――制度というのがありまして、専門学校、大学在学中の人をですね、志願すれば最初から甲種幹部候補生の中の最高位を与えると。だからいきなり金筋一本に星が三つ、曹長というとんでもない高い位ですけどね、そういう制度もはじまるわけです。

内海 その「特操」は下士官、曹長待遇ということですか、はじめから。下から一段ずつ登ってきた人たちはバカらしくてやってられませんね。それが昭和何年ぐらいですか。

岡本 特操の制度は昭和十八年からです。

我々航空兵科でいうと、五〇〇時間は操縦の飛行経験がないと一人前とはみられなかったんですが、「特操」の方の中には二〇時間ぐらいで特攻隊員として沖縄につっ込まされた方もいます。全くひどいことをしたものです。

内海 「特操」が特攻隊を主に構成するんですか。

岡本 敗戦後、ふり返ってみますと、非常にたくさんの技量未熟な人たちが、員数として沖縄につっ込まされていたということですね。沖縄戦の陸軍の**特攻**は、「特操」出身の将校、それに「少年航空兵」出身の下士官が大多数です。

特攻作戦に反対した岩本大尉

岡本　ただし、特攻隊の隊長は、大体陸軍航空士官学校の出身、大尉または中尉でした。

内海　最初の特攻隊攻撃は海軍ですね。

岡本　海軍です、昭和十八年十月です。大西滝治郎中尉がフィリピンの海軍航空司令官だった時に、第一陣の「敷島隊」が出撃しました。

「神風特別攻撃隊」――「かみかぜ」じゃなくて、「しんぷう」と読むのが正しいんですがね、「神風特別攻撃隊」第一陣の指揮官として命令されたのが、関幸夫大尉です。

それからほぼ四カ月くらいたって、陸軍がそれにくっついていったんですね。万朶(ばんだ)隊です。海軍は「敷島の大和心を人問わば、朝日に匂う山桜花」、この歌から隊名をとっていきます。

内海　海軍が「神風隊」で陸軍が「万朶隊」と命名されていたんですね。

岡本　そうです。「万朶の桜か襟の色」という軍歌の中から隊の名前がつけられていきます。万朶隊の隊長は岩本益臣(いわもとますおみ)という人で、陸航士五十三期で、我々の六年先輩ですが、徹底して特攻作戦に反対した人なんですね。岩本大尉という人は、古めかしい表現ですが陸軍にこの人ありといわれた程の急降下爆撃の名手だったんです。だから、爆弾を投下して、そのあと離脱すればいいじゃないか、体当りなんていうバカなことはやめろ、とね。五年間もかけなければ一人前に養成できないパイロットをなぜ爆弾のかわりに殺してしまうのかということで、陸軍の統帥部*に対して猛抵抗するんですね。実はそのことが軍上層部の反発を買って、第一陣の隊長を命ぜられてしまったんです。

統帥部　とうすいぶ
軍を統轄し、最高作戦を決定し、命令する最高機関。
陸軍では参謀本部、海軍は軍令部、戦争中は両者を統合して大本営というものが設置されたが、これらを一括して統帥部といった。
大本営の最高責任者は大元帥の天皇であり、天皇の軍に対する絶対的な指揮命令権を「統帥権」といって、誰もこれを犯してはならないことになっていた。

内海 技術屋さんの合理主義が、精神論の大和魂派に押し切られたんですね。

岡本 それで最後まで、爆弾を内装してしまうんではなく、懸架（けんが）といって飛行機の外にブラ下げて、レバー一つで投下できるように万朶隊の全ての飛行機にそういう装置をつくった人なんですね。だから本人には突っこむ意志は毛頭なかった。

内海 命令に抗せないので、自分の力の及ぶ範囲での必死の抵抗ですね。

岡本 岩本大尉の場合は、突っこんで死んだんではなくてね、地方の飛行場にいた岩本さんが「マニラの軍司令部に、特攻出撃についての命令を受領に来い」などというバカなことをいわれて、そんなことは電話一本で済むことなんですけれど、万朶隊の部下の将校五人と軽爆撃機に乗っていって途中で撃墜されてしまったんですね。岩本隊長以下将校全員が死亡したわけです。それでその何日か後に、曹長を隊長にしてね、かわいそうに下士官の方だけで、万朶隊は突っこんでいくんです。

内海 何といっていいのか言葉もないですね。

こうした不合理が軍を支配していて、死ぬのはいつも下端の若い人たちや赤紙*一枚で召集された人たちなんですから。

岡本 何だか情なくて、哀れでね。私よく存じあげていた方だったものですから。殊に個人的にも深い憤りのようなものを感じています。特攻隊は、当初は全員命令だったんです。海軍の関大尉も陸軍の岩本大尉も、苦しんで苦しんで、苦しみ抜いて死んでいかれたんです。そのことを、若者たちに誤解なく正しく受け止めてほしいと思います。

赤紙 あかがみ
召集令状のことで紙の色が赤いのでそう呼ばれた。しかし実際にはピンク。市町村役場の兵事課の係員が本人の家に直接届けた。発行は連隊区司令部で、部隊名・所在地・日時等が記入されている。指定の日時まで通常は一週間前後の余裕があったが、戦争末期は二、三日しかなかった。

内海　陸士で教育を受けられたわけですが、天皇についてはどんな感情をおもちですか。

植民地に育って

始まったあとでも、やめればよかった！

岡本　私は天皇に対して、個人的な憎しみを抱いています。これは制度の問題とか戦争責任とかいう大きな問題ではなくて、私の場合は自分の尊敬する何人もの優秀な若い先輩たちが、あの不条理な戦争のなかで、明らかに彼によって殺されていったということに対する憎しみなんです。

自分が現人神（あらひとがみ）としてつくられていった過程を明らかに知りながら彼はそれを否定する行為を何一つ起こそうとしなかった。しかも、開戦の詔書に判こを押した。開戦に明確な反対をしなかった。始まったあとでもいいんですよ、戦争はもう止めようと言えばよかったんです。しかし彼はそれをいっさいしなかった。私の身近な何人もの若者たちが殺されていった、尊敬していた先輩の士官たちが何人も特攻で突っこんでいった。彼らは天皇に殺されたんだと思うのです。これは僕の意識の中で重い、とっても。抽象論じゃなくてね。そうしたことを通して、私は天皇への憎しみ、怨念を消し去ることができないんです。

内海　そういう人たちは多かったはずですね。戦後、行幸ブーム*の時、なぜ、天皇を

行幸ブーム　ぎょうこうブーム　敗戦の翌年、昭和二一年一月、天皇は自らの神格を否定するいわゆる人間宣言をした。その後、二月十九日、横浜市稲荷台共同住宅に戦災者を慰問したのを皮切りに、炭鉱、農村等々を慰問して回った。

二月二〇日の「朝日新聞」には、「部屋毎に親しいお話」「戦災者宿舎感激で一ぱい」「漂う苦悩の御表情」「鍋、釜転ぶ廊下を歩まる」などという文字が並んでいる。

当時「東京裁判」ではソビエト、中華民国が天皇をA級戦犯として裁くべきだと強く要求しており、この行幸は米・ソの対立の構図がはっきりしてくる中で、政治的な目的で天皇を免罪にしようと考えていたアメリカの意図がにじんでいる——とする見方が一般的であった。

襲う人たちが出なかったのか不思議な感じがしますね。どんなに戦争中つくられた意識があっても、岡本さんのような感情を天皇にもっていた人はいるわけですよね。

岡本　我々もまたね、もやもやとした単なる心情的批判といいますか、疑問といいますか、そんなところからはじまりました。明確な形で天皇を批判するということは考えもしなかった世代でしたし、そういう精神構造になっていなかったですからね。私は、敗戦の時には十九歳でしたし。日本共産党ははっきりと天皇の戦争責任をうちだしていましたから、天皇批判が明確な形で出てきても、おかしくはなかったとは思うんですが、やっぱり日本人の天皇観には、度し難い不可思議さというものがありました。

内海　一九四五年十二月八日に開かれた「戦犯追及人民大会」では、天皇の戦争責任ということが、はっきり主張されていますが、そういう意味では、共産党の主張と民衆の間の天皇への思いにはかなり隔たりがあったということでしょうか。天皇制打倒をうち出して、人々の気持が共産党からはなれていったということも聞きますし……。

岡本　私の中に明確に天皇批判が定着して不動のものになったのは、例の極東国際軍事裁判のキーナン首席検事が「天皇と実業家に戦争責任無し」と言明した瞬間からでした。敗戦から二年後、一九四七年、昭和二二年の十月十日のことでした。言ってみれば、敗戦から二年と二カ月の間に、私は自分の目でやっと侵略史を点検できたということですね。共産党の主張は、私にはややヒステリックに聞こえ

『朝日新聞』一九四六年二月十二日付

ていました。たしかにおっしゃるように民衆との間にまだまだ大きな隔たりがあったということでしょうね。キーナンの言明を聞いて、一体これは何だ、摂政時代を含めて二四年間、他の誰よりも最も長く深く侵略の実行に加担し、それを認識していた筈の天皇に戦争責任がないなんてことが許されるのかと、腹わたが煮えくりかえったのを覚えています。

当時私の家族はやっと大連から身一つで引き揚げてきたばかり、私は一人で生活費と学費のすべてを稼ぎ出しながら旧制大学に通っていた苦学生で、その一方日本社会党に入党して一年の党員でした。その年の平和憲法の天皇条項も私にはしっくりこなかったのですが、この「天皇と実業家に戦争責任無し」というキーナン言明は、歴史を塗り潰すものとして、全く許せない発言だと思いました。以後天皇は、アメリカの極東戦略の中で思うままに利用されてきたように思います。

軍隊での体験

岡本　実は私、旧制中学五年出て、陸軍士官学校へ入った直後に、初めて天皇の姿を見ているわけです。私たちが入ったのは、埼玉県北足立郡朝霞町の陸軍予科士官学校で、五十九期生陸軍生徒として入るわけですが、入ってまもなく朝霞の士官学校にですね、ニックネームといったようなものかな、「振武台（しんぶだい）」という名前が天皇から与えられたんです。地上兵科の大和魂のほうは既に「相武台（そうぶだい）」、航空士官学校のほうは、「修武台（しゅうぶだい）」とつけられていたんです。「振武台（しんぶだい）」はわれわれが入ってからすぐにつけられた名前でしてね、いってみればその命名式に天皇がきたんです。白い馬に乗ってね。

内海　いつも天皇は白い馬を使いますね、白馬にまたがって生徒の前を通るわけですね。

岡本　閲兵するわけです。東條とか杉山元帥とか朝香宮とかがいっしょにね、馬で気持ちよさそうにくるんですよ、これがはじめてみた大元帥の天皇でした。セレモニーが終って「勅語」*が下されるわけですよ、この地を振武台と命名する、ここで学んだ諸君は、朕の股肱（ここう）（手足）として忠節を尽してくれ、という意味のね。それを聞きながら、ああなるほど、帝国陸軍の頂点にいるのはこの人なんだな、だから天皇は自らのことばで勅語をよんだんだなって思いましたよ。まあしかし、それ以上の感慨はありませんでした。何だ、普通の人間じゃないか、神じゃないなどと思ったりもしました。

予科士官学校の過程を、ほんとは二年間なんだけど一年間に繰り上げられて、航空兵科に進むものだけが押しだされてしまいました。航空士官学校にとりあえず入った形をとって、すぐに前に申し上げた隊付きに行くんですね。

内海　敗色が濃くなった時期ですから一年で繰りあげ進級ということになった。それでどこの隊付きになったのですか。

岡本　新潟県高田市の航空通信連隊でした。この連隊はその一年前にアッツ島で玉砕*した山崎保代（やすよ）大佐の連隊のあとにできた連隊だったんです。兵隊は大体その地域から連隊に集められてくるんですね。二千数百名の玉砕者を出した連隊ですから、当然のことですが高田の町全体が暗く沈んでいるんですね。どこにいっても、あ

勅語　ちょくご
天皇のみことのり。つまり天皇が臣下に示すメッセージのこと。
一説には、天皇の印、御璽（ぎょじ）が押してあるのを詔書といい、御璽の押してない署名だけのものを勅語というとしている説もあるようだが、はっきりしない。

アッツ島玉砕　アッツとうぎょくさい
一九四三年、昭和十八年のガダルカナルでの惨敗、連合艦隊司令長官山本五十六大将の撃墜死につ

そこのお父さんが死んだ、お兄さんが死んだ、弟が死んだっていう家ばかりですからね。たまらないぐらい暗かったですよ。歩兵連隊から航空通信連隊に変わりましてもね、同じ兵舎なんです。そしてそこに集まった人は、なんと三〇代から四〇歳台なんですね。忘れもしませんが、日立製作所の課長さんとか、京都大学の助手の方とかが、いらっしゃいました。

内海　それは未教育の補充兵ですね。

岡本　ええ、星が一つもない「赤ベタ」の方が結構おられました。いかにもインテリ風で、ひ弱で、丸い眼鏡かけてね、野間宏さんの『真空地帯』に描かれているように、ほんとに朝から晩までぶん撲られている中年の兵がいました。そこへ、満十八歳になったばかりの私が士官候補生として行ったんです。もっとも、私たちの襟章も上等兵でした。ほんとうは、士官候補生として隊付きにいく最低の階級は伍長なんですが、我々は予科を一年間で繰り上げで行ったものですから。

内海　星三つの上等兵ですね。

岡本　その前に、大事なことを忘れてたなァ。陸軍予科士官学校に入るでしょ、そうすると我々は補充兵と同じ階級なんです。海軍兵学校は、入ると同時に士官待遇なんですがね。

内海　赤ベタ星ナシの補充兵扱いから、金筋にいっきょに飛ぶんですね、なぜですか。

岡本　わかりませんが、昔からそういうことになっていたようです。陸軍予科士官学校は、入ったら全ての兵隊さんに敬礼しなきゃいけないんです。そして、少しずつ上がっていくというシステムとっていたんですね。だから予科の間は赤ベタで

づく四月、アリューシャン列島守備隊（山崎保代大佐以下二千数百名）は、二万人を越える米軍の奇襲上陸を迎えうち、一カ月の激闘の末、数百人を残して玉砕（つまり敗北）していった。

　山崎大佐は二万の大軍に包囲されて死闘をつづける中で、一兵の増援をも求めず、一発の弾丸の補給も願い出ず、五月二九日玉砕していった。武人としての潔さが、当時の人々に深い感銘を与えた。

　しかし、一方、事情を知りながらアッツ守備隊を見殺しにした北部軍司令部（札幌）の参謀たちに対しては「冷酷に過ぎた」として非難が集中した。山崎大佐には幕僚（参謀）の経験はなく、実戦派であった。軍中央は、山崎保代大佐を死後二階級特進させて、中将は任じた。

何もないんです、本科に入ったとたんに、つまり隊付きに行くとき、いきなり伍長になるわけです。ところが我々は予科を一年間で繰り上げ卒業させられたので、伍長にはしてくれなくて上等兵からスタートしたということなんです。

内海　では、上等兵では下士官＝判任官ではないから月給は出ない。

岡本　そして行ったら高田の連隊が非常に暗いところだったんですね。この間約一カ月間でしたが、軍隊の内務班のもっているいやらしさみたいなものを集中的に体験できたんです。それこそ映画の『真空地帯』（山本薩夫監督）と同じような状況をね、一カ月間見ました。

内海　やっぱりあんなに撲るんですか？

岡本　撲られましたね。いま突然思い出したんですが、私は高田ではじめて同期生の士官候補生二人を撲っています。二人とも幼年学校の出身でしたけれど。兵隊のメシを黙って食っちまったんですね。そういうひどいのがいたんです。指の骨を折りましたけれど、骨が折れるまで撲りました。一回だけね。つまりもう幼年学校出身の士官候補生の中でも、意識の崩壊が始まっていたんですね。帝国陸軍というのは、内部ががっちりモザイクのように見事に構築された近代的な軍隊じゃないわけですから、天皇という何だかわけのわからないものがいて、その権威を嵩(かさ)にきてる少数の連中がモヤーッといてカスミみたいにフワーッと裾野があるだけの軍隊でしょ。天皇の軍隊には哲学もなければ、論理的な思想も何もない、それを一見強固な軍隊であるという錯覚につなげたのは天皇の存在だけだったんですね。

『山崎軍神部隊』より
朝日新聞社　一九四四年

内海　軍の中枢を養成する機関に身を置いたから逆に、内部の腐敗、空洞がよく見えたんでしょうね。

岡本　だから上官たちが何を言っても僕の耳には全く虚ろに聞こえちゃうわけですよ。「国家非常の時」なんていわれてもね、全く空しく聞こえるわけね。高田でのこの一カ月間が僕を変えたってはっきりいってもいいと思うんですね。何人かのインテリ出身の兵隊からいろんな話を聞くチャンスがあったんです。高田には上杉謙信ゆかりの春日城があるんですが、私が指揮官として行軍して行く時には、この春日城で叉銃解散*して、夕方までみんな自由に休んでもらったりしてました。

そうこうしているうちに、少しずつ信頼して下さったのでしょうか、兵隊はほとんど三〇から四〇歳でしたけど、だんだんほんとのことをしゃべってくれるようになったわけですね。「候補生殿、この戦争は負けますよ」とかね。そういうことをいろいろと聞くようになったんですよ。そのうちに、この戦争は間違っていた、この戦争は確実に負けるぞと確信するようになっていったんです。

それで、高田にいる間に、さきほどの『赤いネクタイ』という小説を書いてしまうわけですね。

内海　軍隊のなかで懐疑的になっていたところに、赤ベタの補充兵たちから、「地方人」の違った物の見方を知った。そこに思想的な転換期があったわけですね。

岡本　そうです。その一カ月間の隊付きという期間が、私にとっては非常に大きな転換期になったと思っています。高田の航空通信連隊の方々はやがて南方に行かれたと聞きました、おそらく大多数が戦死なさったんじゃないでしょうか。そうい

叉銃　さじゅう
兵の持っている三八式歩兵銃とか九九式短小銃、三挺を、銃口近くで組み合せ、倒れないように三角形に立てることを叉銃といった。部隊が休憩に入ったりするときには、叉銃し、解散した。

うことも含めて、今まで抽象的だった死が、山崎保代大佐の指揮する高田連隊が玉砕したあとにたまたま私が行って死の臭いをかいだこと、私にいろんな影響を与えて下さった中年の兵士たちが南方に移動していったということ、この二つの事実の中で、私ははっきりそこに「死」を目撃してしまったんですね。それで逃亡したいという気持ちが明確になっていったっていうことでしょうね。

天皇に対する意識

内海　私は戦後、戦犯になった人の多くが天皇制から思想的に切れなかった、というのが一つ驚きなんですね。いまのお話を伺っていると、直属の上官とか、東条英機に対しては、具体的な自分の感情の交流がありますね、憎しみを持つとか。しかし、天皇は圏外にある。上官に撲られる時とか、自分の行為を正当化するときに天皇が出てくるぐらいですよね。戦犯になって処刑されるときでさえ、上官は憎んでも、天皇に対する憎しみはない。憎しみをもてるほどに感情の交流がなかったということでしょうが、「天皇の為に」ということが一種の浄化作用の役割を果たしていく。処刑される時の「天皇陛下バンザイ」という叫びは、戦争の継続、自己正当化といろいろ考えられるとは思いますが。

岡本　多分そうだと思いますね。そうとでも考えなければ、自分の存在がなくなってしまう。考えてみれば虚（むな）しいですね、当時の人々の考え方は。

内海　天皇制に対する批判の視点をもった人は非常に少ないんですね。

岡本　残念ながら私の場合も同じことで、戦争中に日本政府や軍部のやり方にきびしい批判を持ったことはあっても、天皇制に対する疑問をもったことは一度もありませんでした。

なぜなのか、よくわかりませんが、天皇は極端に神格化されていましたし、少年期からそういう教育だけを受けているわけです。

内海　皇国史観教育ですね。でも岡本さんの場合には、朝鮮にいて、台湾にいて、満州にいますから、植民地で育っていらっしゃる。それにお父さんが自由主義者であったということで苦労しているわけですから、位置としては他の人よりも日本の天皇制の問題がみえる位置にはあったと思いますが……。

岡本　そうですね。しかし、多くの問題を日本政府と軍の責任だと考えることはあっても、天皇に責任があるとは思い至りませんでした。ひとつ付随的にお話ししておいたほうがいいかもしれないと思うのは、昭和七年（一九三二）に血盟団事件*っていうのがありました。それに参加した人の中に東京帝大と京都帝大の学生が十名ほどいるんですが、そのトップにいたのが四元義隆という人物です。いまの中曽根康弘の指南番ですが、当時は東京帝大の法学部三年だったんですね。彼は井上日召の指示に従って菱沼五郎に直接拳銃を手渡しているんです。菱沼五郎は三井財閥の巨頭、團琢磨をその拳銃で暗殺したんですね。この四元の東京帝大の後輩のひとりに田中邦雄という人がいたんです。これが実は私のかなり年長のいとこなんです。私の親父のいちばん上の姉の息子です。昭和七年ですから私がちょうど小学校に入る年でした。当時我々一家は台湾の花蓮港というところにいて、親父は花蓮港高等女学校の音楽の教師をやってたんですが、鮮明に覚えてること

血盟団事件　けつめいだんじけん
井上日召らが国家革新を目的として結成した一人一殺の右翼テロリスト団体血盟団のメンバーが、昭和七年二〜三月、井上準之助、團琢磨を暗殺した事件。
井上日召の右腕とされた東京帝国大学法学部学生、四元義隆氏は現存しており、中曽根康弘などに大きな影響力を与えつつある。

があるんです。突然親父が警察に呼ばれるんですね。親父は気の小さい男だったものだから、非常に脅えて、顔が青ざめていたのを覚えているんですが、どうしてもひとりで行く勇気がなくて、幼い私の手をひいて警察署へ行ったんですよ。私が警察署へ入った途端、目に入ったのが**天皇・皇后の写真**だったんです。恐ろしかったですね。だから、天皇・皇后というのは、その日から私にとって恐ろしい存在になったわけです。

内海　はじめて出会った天皇は恐ろしい警察権力の象徴だった……。

岡本　どういったらいいのかな、悪魔というか、身ぶるいするような恐ろしさですね。

内海　あの無表情な顔も場所によっては、そのように映るんですね。

岡本　それで、私は冷たいベンチで待たされて、親父はひとり取り調べられたわけですけどね。親父の甥に当たるのが田中邦雄ですから、親父の身辺を根ほり葉ほり聞かれたんだと思うんです。ずいぶん長い時間だったと思うんですが、子どものことですから、実際に何分だったのか何十分だったのかは分かりません。親父が非常に青ざめた顔で出てきましてね、荒々しく僕の手をとって帰ろうと言うと、急ぎ足で警察を出たんですよ。

警察の正門を出まして、グルッと右回りに塀沿いに坂道をあがって、かなり行ったところに私のうちはあったんですが、坂を昇り始めたところ、すごい悲鳴が聞こえたんです。「ギャーッ」というものすごい悲鳴が連続して。拷問だったと思うんですがね。私の中ではその声と警察署に入ったときの天皇・皇后の写真が結びついちゃってるんですね。だから、天皇が恐怖の対象になっちゃってるんです。触れてはいけない存在みたいにね。『日本人への遺書』*という本の中に書いておきましたけど、天皇というのは私にとってはそういう存在として幼年期の意識を決定してしまっているんです。そのあと、御真影の前では頭を上げちゃいかんとか、奉安殿の前は必ず最敬礼していけとか、そういう教育の中でずーっときているものですから、天皇というのは、触れてはいけない、口に出してもいけない、そういう存在としてありましたね。

内海　尊敬の念で触れないのとは違う意味で、恐怖の対象、見たくない触れたくない存在として、何となく避けたいという——。

岡本　そうですね、明らかに避けてきたと思いますね。親父も、天皇に対する尊敬というんではない気持ちをやっぱり持っていました。恐ろしいという気持ちが強かったんじゃないでしょうかね、天皇の文部省に、一生愛されなかった人間でしたから。

そうはいっても、台湾では親父はいってみればまあ何とか恵まれた立場にいた。一般の人よりかなり遅れてはいたようですが、四五歳くらいで、高等官五等という、そのままいれば恩給もつくし、何の不安もない職にあったんですが、日中戦争が拡大した昭和十二年の翌年にいきなり女学校の教師を辞めるわけですね。音楽教師といっても台湾総督府の官吏ですからね、それに耐えられなかったらしいんですが、完全に投げうって、自由業になるわけです。自由業といえば聞こえはいいですが、あの時代に一音楽教師が何で飯を食うかといえば、食う方法はないわけですよ、ルンペンです。

『日本人への遺書』
岡本愛彦　未来社　一九七八年

内海　家族をかかえて、そんな不安定な身分を選ぶなんて、何が原因だったのですか。血盟団事件の取り調べが契機になっているのですか。

岡本　契機になっていたかどうか、私にはよくわかりません。ただ、有形無形にいじわるされてましたから、親父は。もともと民俗学を愛して「高砂族」の研究にうちこんでいた自由主義者ですから、そんなに大事にされるわけもないし、学校の中での査定も良くないし、見切りをつけた方がいいと思ったんでしょうね。全く、無位無冠になって大連に行っちゃうんですね。そこで姉が結核でたおれるということになって。

三・一万歳事件

内海　じゃ、大連では植民地支配者の一員としての優雅な暮しから一転して貧困――いろいろ苦労なさったのでは。

岡本　まあそういう意味での苦労はあったかもしれませんがね。大連の中学に入って二年生になった頃だと思うんですが、親父の本棚に「三・一万歳事件＊」のパンフレットがいくつかあったんですね。おもしろいでしょ。「三・一万歳事件」なんていうのは、タイトル自身がね。なんだろうと思って読んで見ました。

内海　何で「万歳事件」が起きたのか、そのパンフレットには何も書かれていなかったでしょうが、それでも何か感じたのではないですか。

岡本　朝鮮総督府が出したものでしたけれどね、「不逞鮮人が＊」という書き方をされ

三・一万歳事件　さんいちばんざいじけん
　三・一独立運動または三・一人民蜂起ともいう。五年間の統監府政治（統監伊藤博文）ののち、一九一〇年（明治四三）日本の帝国主義植民地支配下におかれてしまった朝鮮では、日本政府（朝鮮総督府）の圧政と土地収奪等に抵抗する動きが絶えなかった。
　第一次大戦中のロシア革命等に勇気づけられた日本在住中の進歩的文化人（金若水、朴烈らの他に日本人幸徳秋水らも参加）が一九一九年二月末、東京神田のＹＷＣＡで独立宣言文を発表、これに応じて三月一日ソウルのパゴダ公園等で独立宣言が発表され、全国で民衆が「朝鮮独立万歳」を叫びながら大示威行動を展開した。日本側は軍隊、警察を動員して大弾圧を開始し、一万人近い死者、二万人近い負傷者、五万五千人に及ぶ検束者を出し、朝鮮全土が流血に染められた。
　この弾圧にも屈することなく、三・一を忘れるなの言葉はすべての朝鮮人民の魂を揺り動かしつづけ、抗日運動の原点となった。

ていて、「暴動を起こして……」と。意味はよくわかりませんでしたけれど、えらいことがあったのだということはわかりました。そんなパンフレットを親父が大事に持ってたということだけでも、親父が「三・一万歳事件」に対してなにがしかの気持ちを抱いていたんだろうと思ったものです。父はかなり以前からずーっと朝鮮人に対して深い関心をもっていましたね。大連で私たちが住んでいたのも、貧しい棟割り長屋だったんだけれど、二、三メートルの道をはさんだ向かい側が朝鮮人が何軒も住んでいる長屋でしてね、全く日当たりの悪いところにいたわけです。

内海　朝鮮には何年いらしたのですか。

岡本　一年未満でした。

内海　そして、また大連で朝鮮人と向かい合わせの暮しが始まったわけですですね。その前、台湾は……。

岡本　十年間台湾で暮したことになります。

内海　そうすると中国語は覚えられましたか。

岡本　中国語は少し覚えてましたね。大連に移ってからは、つまり関東州と旧満洲では中国語が旧制中学の正課ですから、五年間中国語をやりました。それから陸軍士官学校も中国語とロシア語が正課ですから。結局中国語を一番たくさんやったことになりますね。

内海　ロシア語が正課というのは、仮想敵国がロシアだったからですか。中国語は日常生活では不自由しなかったんではないですか。

不逞鮮人　ふていせんじん　太度し難いけしからん朝鮮人、太い朝鮮人——という意味だが、何度弾圧しても屈することなく反抗してくる、手に余る朝鮮人という意味もこめられていたようだ。権力者は抵抗する朝鮮人をこう呼んで弾圧をくり返した。

この言葉とは別に、後年「大逆事件」で逮捕される朴烈、金子文子夫妻らの手によって「不逞鮮人」というレジスタンス新聞が発行され、社会主義運動、民族解放闘争の大きな武器になったことがある。

なお、鮮人というのは植民地支配の下で使われていた差別的用語である。北朝鮮を北鮮という人が未だにいるが、これも日本の統治下でつくりだされ使われ始めた差別語。

岡本　中国語は七年間やりました。しかし、ほとんど忘れました。中国語もなかなか難しいですからね。

市電の窓からみた凍死者

岡本　朝鮮で生まれ、台湾に十年、大連に五年、しかもそのあとが陸軍士官学校ですから、いってみれば私の身体のどこを切っても、真黒い侵略者の血が吹き出しそうな気がしましてね。ものすごく気持ちが悪いんです、それがね。それをふっ切るために何かいつもしてないと、自分が自分を許せないという部分があるわけですね。だから台湾の小学校とか大連の中学校の同級生と実はあまり親しくつき合ってないんです。同窓会があっても行こうという気がおこらないんですね。そこへ行くと、やれ大連は良かったなんていう話題がでるものですからね。

内海　「アカシアの大連」ですね。

岡本　――となってしまうのがとてもいやでね。

内海　でも、そういう気持ちの一方で、やっぱり自分が育った台湾とか大連はなつかしい、いちどでいいから行ってみたいという気持ちがあるでしょうね。

岡本　そりゃそうですよ。私の場合、心の故郷は台湾ですからね。台湾が民主化されたら、どうしても一度は行ってみたいと思ってます。今の台湾は、蔣経国の大変なファッショ政権ですからね。

内海　台湾は花蓮ですか。

岡本　ホワリェンです、昔はホワリェンカン（花蓮港）っていいましたがね、太平洋に面した美しい町でした。

台湾はともかく、大連の中学校の五年間というのはあまりいい想い出がないんですね。何しろ戦争一色の時代ですから。大連で生まれたかたには、それなりの懐しい想いがあるでしょうけれど、私の場合はいまお話ししたように親父が台湾で官吏であることを投げうって、大連に逃げたわけでしょ。ひどい貧乏生活もしたし、それから厳冬になると、中学に通う市電の窓から見えるんだけれども、必ず一日に一人か二人、中国人の凍死者にぶつかるんです。それを警察官が処理しているのが、見えるんです。ほんとに毎日でしたね。

内海　そんな光景を見ていたんでは考えざるをえなくなりますね。植民地下の中国民衆の悲惨さがそんな形に岡本さんの目に映ったんですね。

岡本　労働者の大半は家族を残して山東省の方から出稼ぎにきていると聞きましたが、あの零下何度という寒空に住むところがないんですね。食べものは、コウリャンをうすくのばして、生ねぎを中に入れて、ミソをつけてね、まるめてかじってるんです。真冬でもそれだけですからね、やっぱり死ぬわけですよ。女性も死んでたし、年寄りも死んでたし、幼い少年も、道路に横たわったまま死んでました。大連についてはそういうイメージが、僕の場合は強烈なわけです。だからとてもじゃない、中国人民の為に余程のことをしたあとでなければ、僕は大連には行きたくないんですね。中国には顔が向けられないみたいな気持ちがあってね。招かれても中国にはまだ行けないんです。いつかは行きたいと思いますけど…。もっとも、台湾にしても台湾人元天皇の兵士への補償問題とかＢＣ級戦犯として苦労された方々への補償問題が解決しなければ、とても行けたもんじゃない。

なかったことにしてくれとはいえない

内海　日本人という意味では侵略者の一員かもしれないけれど、その日本人の中でも自由主義者ということで差別され、朝鮮人と向きあいながら生きてきたわけだし、中国人、朝鮮人と手を結びあえる関係をつくってもいいんじゃないでしょうか。

岡本　ええ、そうですね。ただやっぱり、そのあとの陸軍士官学校進学っていうのが私にとっては自分が許せない部分になってくるわけですね。

内海　貧しさから抜け出ていくひとつの道として、陸軍士官学校を選んだということがですか。

岡本　ええ、人に言えないくらい、辛いことでね。だから陸軍士官学校の同期生会にも入っていませんし、陸軍士官学校第五十九期の同期生名簿にも私の名前はないんです。

内海　自分をずいぶん厳しく律していらっしゃるんですね。陸士、海兵を出たといって今でも威張っている人には、岡本さんの気持、理解できないでしょうね。

岡本　戦後一時、名簿に名前が出たことがあるんですが、抜いてもらって、現在の名簿には私の名前がないんです。勝手にドラマの主人公になっているという人もいるけれど、満洲や台湾のころのことをなかったことにしてくれとはとてもいえないですね。だから死ぬまで僕は炎熱地獄の中でもだえ苦しみながらやっていくしかない。何かと闘いながら——。しかし最後までやったって、僕は許されるもんじゃないと思ってるんです。

内海　そこまで岡本さんを追いつめてものを考えさせていく力って、何なんでしょうか。

もしもっと多くの人が、そういう考え方をしていれば、侵略戦争に対する戦後のとらえ方もちがってきたと思うんです、吉田満も、ひとつの苦しんだパターンだと思うんですが。

岡本　時々、仲間と話をするんですが、そのたびに疎外されていくんですね、そのこと自体は、僕にとって、辛いことでもなんでもないんですが――。やっぱりねえ、内海さんのおっしゃる天皇の戦争責任、侵略責任を全ての人がなぜ追究できなかったかという無念の矢がね、ぽんぽんと私に向かってとんでくるんです。そこまで感じなくっていい、とおっしゃる方もいるけど、だからだめになったんじゃないか、という気持ちがどこかにあるんです。

新聞の戦争責任

内海　その壁の厚さをどうやったらつき崩せるか、その壁の分析もやらなければ、と思うのですが。

岡本　いま私は、新聞の戦争責任を、ある新聞と機関誌に連載しているんですけれど、ドイツの場合はナチに協力した新聞は地方紙を含めて全て廃刊になった。そしていまだにナチス時代の責任者を民衆の手で追究しているわけでしょ。ところが日本の場合はね、あの戦争に協力した全ての新聞が、その戦争加担責任を追究され

『朝日新聞』一九四八年十一月十三日付

天皇を免除の理由
連合國の利益に基く
ウェッブ裁判長談

UP通信によればウェッブ裁判長は、國際軍事裁判の判決について判決とは別個の意見として、次の所見を明らかにした

一、天皇の權威は天皇が戰爭を終結されたとき疑問の余地のないまでに立証されている、同様に戰爭を開始するに当って、天皇の演じた顕著な役割が検察側から提示されたが、検察側は同時に天皇は訴追しないことを明らかにした

一、天皇が裁判を免除されたことは、國際軍事裁判所が刑の宣告を下すに当って当然考慮すべきことだったと私は考える

一、戰爭開始には天皇の權威が必要であり、もし天皇が戰爭を欲しなかったのであれば、天皇は当然その權威を保留すべきであった

一、天皇が常に周囲の進言に従い行動しなければならなかったという意見は、証拠に反するが、またかりにそうだとしても天皇の責任を軽減するものではない

一、わたくしは天皇が処刑さるべきであったというのではない、これはわたくしの管轄外であり、天皇が裁判を免除されたことは疑いもなくすべての連合國の最善の利益に基いて決定されたものである（UP＝共同）

ることもなく残されちゃったんですよね。

内海　そうですね、一片の反省文とともに。

岡本　「国民と共に起たん」*を書いて謝ったからそれでいいだろうっていうもんじゃないと思うんですね、僕は。新聞が自らの戦争責任をうやむやにしてしまったために、A級戦犯追究の矛先が完全ににぶくなってしまいましたね。東條英機ら七名が処刑された次の日の一九四八年十二月二四日に何と岸信介、児玉誉志夫、正力松太郎、笹川良一といったA級戦犯容疑者が、極めて政治的な意図のもとにアメリカの手で釈放されてしまっているのに*、新聞はそれをきちんと批判していない。だから国民はそれを知るすべがなかった。だからいつのまにか国民はそれを受けいれざるを得なくなってしまう。西ドイツとはえらい違いです。戦争責任に対する日本人のこうしたいい加減さが、つまり現在の状態を招いてしまっていることを思うとね、当時二二歳だった私もまたその中の一人だったわけだし、新聞の戦争責任や、A級戦犯容疑者を徹底して追究しておく責任があったと思っているんです。その意味で今後も私は自分をきちんと処していきたいと思うんですね。

日本の戦争責任を考えることが過激か

内海　実は先日、「アジアにおける日本の戦争責任」というテーマで日教組の世田谷文部の青年部へ話しに行ったんですが、過激だというんで、山野小学校の早川校長という人ですが会場を貸さないというんです、驚きましたね。なぜ過激なのか、その校長が戦争中何をしていたのか、逆に私は聞いてみたいと思いましたね。

宣言

國民と共に立た

本社、新陣容

『朝日新聞』一九四五年十一月七日付

岡本　校長というと六〇歳ぐらいですか、そうすると、軍国少年で育って、徴兵検査にひっかかったかどうかという年齢ですね。

内海　それで一方では、もう四〇年前のことはいいじゃないかという声がますます大きくなってる。いまお話を伺ってますと、私たちの知らないことがたくさんある。侵略戦争との連続性を断ち切るのが急で、あの総動員体制を反省し、学ぶということがなかったように思いますね。教科書の墨ぬりというのが非常に象徴的だと思うんです。なぜここに墨をぬるのかという問いがないところで、教師のいわれるままに生徒が墨をぬった。あとでまた墨を消せば同じですからね。おそらく教師もわかってなかったんでしょうが。

岡本　きちんと教えて、そのあとで子どもたちといっしょに消すべきでしたね。

内海　ですからね、戦後民主主義ってある種の墨ぬりと同じだったと思うんですね。いま墨がうすくなり消されてきていますから、だんだん地が出てきている気がするんですね。

岡本　特にいまおっしゃった校長の年代の中では、具合の悪いことは忘れてしまいたいという意識がどこかにあったりしますよね。

私も戦後、一時期は陸軍士官学校にいたということが恥かしくて辛くていえなかったですね。社会党に入って、一年、二年みんなといっしょに動いているうちに、言えるようになりました。逆に、自分の恥部をさらけだしながら、自分自身を徹底して民主化していくことなしにはね、戦後を生きていく資格はないんだと、私ははっきりそう思ったんですね。

『朝日新聞』一九四八年十二月二五日付

朝日新聞

A級容疑者を釈放

岸氏ら十九名　主要戦犯の処理

内海　そういう意味では、岡本さんは戦争に協力してきた自分を自らの行動をもって裁いたんですね。

岡本　まだ裁ききってません。――これから十年二〇年やっても裁ききれるもんではないですよ。

内海　自分の戦争中の行為をいかに裁いていくのか、という個々人の営為がなければね、他人は裁けても、自分に対してはどうしても甘くなる。

岡本　ええ。だから、自分に対して甘くなる気持ちがどこかでふっと出てきた時に、A級戦犯を裁く資格もなくなってくるわけでしょ。それが日本の戦後をだめにしたいちばん大きな理由だと思うんですけれどね。

内海　他人には厳しくても、自分には限りなく甘くなってしまいますね。ぼんやりしていると。戦争を許した自分たちの姿が見えてこなくなってしまいますね。いつも責任がよそにあって、自分が棚上げされてしまっている。岡本さんのように、なぜ自分が戦争に協力したのか、なぜ見えなかったかを、問いつめていくなかからようやく自分の転換点が見出せ、責任ということがはっきりしてきますね。

　現在は戦争中ほど、状況との切りむすびかたは緊迫はしていませんが、時にはだらしなく自分に甘くなりながらも、どこかで、そうした自分を見つめる冷めた目をもち続ける、そんなふうにしながら状況に棹さしていきたいと思います。

　どうもありがとうございました。

6
「生体解剖」は日常業務だった

湯浅　謙

神奈川県の津久井町で、毎年、ひとつの平和集会が開かれている。地元の人々、キリスト者遺族の会を中心に、反戦平和の思いをもつ人々の地味だが、粘り強い持続した活動である。集会にはお年寄りの姿も目立つ。湯浅さんに初めてお目にかかったのは、この集会だった。

生体解剖の事実を公にした本の出版についてはすでに私は知っていた。できることならふれたくない、そんな過去の行為を敢えて公表した湯浅さんは、ただ懺悔だけでなく、こうした地域活動や中国帰還者連絡会を中心とした活動を通して、反省を具体的行動のなかであらわしている。自分たちがいとも簡単に侵略の兵士となってしまうことの恐しさを、身をもって体験したからこそ、それを阻む活動に静かな闘志を燃やす。そのやさしいまなざしのなかに強い意志をみた。（U）

復讐心でやったんじゃない

内海　湯浅さんは「生体解剖」したことを告白した『消せない記憶』*という本をおだしなさっていますね。触れられたくない過去を戦後三〇年以上もたって、あえて、本として出版されようとしたのには、なにか動機があったんでしょうか。出版されようとしたそのお気持ちから伺わせてください。

湯浅　実は、この『消せない気憶』を出さなきゃいけないなと思ったのは、上坂冬子の『生体解剖』*を読んだからなんですね。アメリカ人の捕虜を「生体解剖」するのに、爆撃やられてるから、復讐心をもってやったとか、アメリカ人が憎くてやったとか、そういうことが書いてあるんですね。でも僕らなんか復讐心も何もなくてやった。それでこれでは正しく伝わらない、いかんと思いましてね。でもあいう日本人の民族主義をくすぐるような本は売れるんですよね。だから、これはぜひ出さなきゃいかんと思ったんです。

内海　復讐心という形で語ると、むこう側が悪いことをしたから、それへの対抗上やったというこちら側の正当性を主張できますね。また、戦争だからしかたがなか

増補新版『消せない記憶』
吉開那津子　日中出版
一九九六年（一九八一年　初版）

増補新版
消せない記憶
日本軍の生体解剖の記録——
ある軍医による痛恨の証言！
吉開那津子
湯浅　謙・追補

『生体解剖』
上坂冬子　中公文庫
一九八二年

ったというい方もありますが、まさにそこを問うたのがBC級戦犯裁判だったんではないかと思います。個人の選択、それに伴う責任が語られないのでは、いつまでたっても個人の自省的な行動、責任というのはありえないと思います。軍隊では命令に従うことが、きびしく問われるわけですが、一般の兵士とちがって医者はもう少し個人の責任と行動の範囲が広かったのではないかと思います。『消せない記憶』は湯浅さんが生体解剖をしたという事実が主題なんですが、それに入る前に、伺いたいことがいくつかあります。

中国へ行きますね、その時中国人が同じ列車の一等車に乗っているのをみて、生意気な中国人だと思ったと書かれてるんですね。それまでの教育でも、いわゆるリベラルな思想にもふれられているようですし、それからあと、お父さんがお医者さんですから、コチコチの軍人家庭とは違いますね。慈恵医大の中でもリベラルだったという話がここに書いてあるんですが、それでも中国人を見る視線は、きたない、おくれてる、中国人のくせに生意気だということが自然に出たんですね。これが当時の中国人に対する一般的な意識だったんでしょうか。

湯浅　そうですね、当時そうでしたね。いい社会生活するために出世しろと。それで、ある寒い冬の夜中に、母親に起こされて、おまえみろといわれて見たら、労働者が市電の工事をやってるのが見えたんですね。「おまえも勉強しないとああいうふうになるぞ」と母にいわれたのを覚えていますね。

朝鮮人といわないですね。「鮮人」*ですね。それから「チャンコロ」ですね。人間を差別するという、いやしい面を露骨に出していた、それがもうあたりまえだっ

「鮮人」

一九一〇年、日本は「韓国併合」を強行すると、朝鮮半島を、従来の「大韓帝国」から「朝鮮」へと改めた。朝鮮という名称は、朝鮮四千年の歴史のなかで一貫して使われてきたものだが、一九一〇年の日本による強制的な改称には、「大日本帝国の一地方としての朝鮮」という意味がこめられていた。独立国家としての韓国の存在を否定するためにも、朝鮮総督府は「朝鮮」の用語を強要。そのなかで、朝鮮人に対しての蔑称として「鮮人」という差別語が使われ始めた。この語は併合の年一九一〇年に早くも新聞に登場する。

た時代ですね。特に、僕が行った九段中学は、いわゆるおぼっちゃんが通っていたいい学校ですから、自分たちはほかと違うんだという意識をもっていたんです。

内海 お母さんはものすごくしっかりなさっていたかたのようですが、だからよけい子どもに「立身出世」を望んだ。積極的に出世への動機づけをしようと、真夜中にたたき起こして道路工事の「人夫」を見せるという「実物教育」をされていたわけですね。

湯浅 山中峯太郎の『敵中横断三百里』*を読んだりして、もう小学生の時から、外国よりも強くなる、戦争でぶちのめす、と思ってましたね。

内海 明治以降、日本国家自体が成り上がっていったように、個々人もとにかく、上を見上げて立身出世することが求められた。「末は博士か大臣か」と、なにがなんでもエラくなることを至上価値とした社会でしたね。そのなかでは、エラくない奴はダメな奴、朝鮮人や中国人は文句なしにダメな奴という考え方が蔓延していたんですね。

日本人は慰安所をつくる

内海 中国の太原*には、慰安所がずいぶんあったみたいですね。朝鮮人の慰安婦がずいぶんきていたそうですが。

湯浅 ええ、いました。

内海 日本人は？

『敵中横断三百里』 山中峯太郎が、一九三〇年（昭和5）4月から『少年倶楽部』（講談社）に連載した少年むけの軍事よみもの。日露戦争時の騎兵挺身隊の活躍を題材にしており、当時の少年たちが胸おどらせて読んだ。雑誌の発行部数はおよそ三〇万部（推定）だった。

■太原・潞安付近地図・見返し裏

湯浅　日本人の慰安婦は、いなかったと思います。日本人は料理屋のいわゆる酌婦ですか、それも相手が決まっちゃっていてね。

内海　将校ですか、相手は。

湯浅　太原は大きい所ですからね、料理屋でね、佐官用とか尉官用というのはありましたけれど、いわゆる遊廓はないんですよ。

内海　そうですか。日本人が占領すると料理屋とか慰安所をつくるが、アメリカやイギリスが占領すると教会を建てるというふうにいわれますが、料理屋のようなものはいっぱいあったんですか。

湯浅　それはいっぱいありましたね。

内海　それでこの本に「女がいなくては戦争はできない」*と書いてありますね。日本軍が駐留しているところにはかなり慰安所があったんですね。

湯浅　ええ、ありました。

内海　この「女がいなくては戦争ができない」というのは、どういう意味で書かれたんでしょうか。戦争には慰安婦が必要だということでしょうか。

湯浅　なにか戦争に行って帰ってきた人間の話を聞いて、殺伐なだけじゃなくて、いつかあそこに遊びに行けるぞという気持をもてるという…。兵隊でも、日曜日の晩に外出して、女のところで遊んでくると辛いのを忘れますね。そういう意味で書いたんだと思うんですが。

内海　外出は日曜日。門限は兵隊は六時で、下士官が八時で、将校はいつ帰ってもいいとなっていたんですね。

女がいなくては戦争はできない。街には将校専門の料亭と民間の料亭があった。また朝鮮人の妓楼も二軒あった。内地から来た女たちはうらぶれていた。多額の借金を背負ってここまで流れて来たのだろう。

将校クラブに比べて街の料亭はやや華やかで芸の出来る女もおり遊びにいっても面白かった。ただし当然遊ぶ金は高く、通いつづけていた将校は苦心して金を工面していたようだった。

『消せない記憶』より

湯浅　そうなんですね。

内海　そうすると、占領が長かったから現地の女性に対する強かん事件というのはかなりあったんじゃないんですか。

湯浅　いいえ、僕らのところではなかったですね。一応僕らが占領していたのは治安地区といいました。太原とか潞安の駐屯地周辺ではなかったと思いますね。

内海　そうすると、強かんは戦闘があった直後に頻発するということですか。逆に、強かんを必要としないぐらい慰安所が多かったともいえるわけですね。

湯浅　戦争ときくとすぐ殺伐としたところと思われるかもしれないけれど、日頃は割合「平穏」なんですよ、普通はね。遠くのほうで弾丸（たま）の音がしても、こっちはなんともないしね。

将校の月給

内海　最初に行ったときは少尉ですか。

湯浅　いいえ中尉です、大学出は中尉です。*

内海　中尉でいくらぐらいですか、月給は。

湯浅　本俸は日本へ送ってたんですが、それが五年間で五千円になったんですよ。すごいですね。現地手当てを使って、本俸は送ったんですね。それに軍事加算もついたんですね。

内海　ええ。

湯浅　僕が大学を卒業するまでに一万円学費がかかったんですね。それで俺が死んだ

＊湯浅さんは、一九四〇年（昭十五）十月二〇日、旭川歩兵第二八連隊に入隊、階級は軍曹だったが、一カ月の教育ののち、曹長に昇進した。同時に見習い士官として軍医の専門教育を受けた。十二月二〇日、教育期間は終り、中国山西省の潞安陸軍病院の軍医中医に任命される。

潞安陸軍病院の人たち

ら五千円出るし、五年間で五千円送ってるから、金については、親にちゃんとしたなと思ってました。

内地での「暗黙」の了解

内海　慈恵医大にいる医学生の頃から、「軍医になって大陸に渡れば『生体解剖』をやる機会があるらしいということをすでに聞いていた」とありますが、その話は当時医学生の間では普通に話されていたんでしょうか。

湯浅　今でも覚えてるんですが、僕より三つ年上で、九段高校の先輩にあたる男なんですが、大陸へ行って帰ってきたんです。それがある集まりの席でね、「やるんだってね」「ああ、やるよ」なんて話をしてました。

内海　先輩とか、生体解剖をやって帰ってきた人たちから、そういうことを聞いていたわけですね。

湯浅　そうですね。戦地ではやるぞということをみんなにいったんでしょうね。

内海　そのとき、生体解剖をどういうものとしてイメージされてましたか。

湯浅　「手術演習」ということですね、中国人を材料に「手術の練習」をするということだったと思います。

内海　生体で手術の練習ができるという話を聞いたわけですね。

湯浅　そうですねー。とにかく中国人を相手に勝手に切ったりするという意味にはとってましたね。

内海　やるということに対してほとんど抵抗感はなかったんですか。

潞安陸軍病院は陸軍病院の等格でいえば、三等陸軍病院だった。陸軍病院は等格によって規模や人員が決っていた。当病院には、将校として、院長中佐、軍医八名、歯科軍医一名、薬剤官一名、主計一名、庶務一名がおり、この外准士官、下士官級二十名、衛生兵七十名、看護婦十名、軍属数名の陣容を整えていた。その他には、二十名程の中国人労務者がいた。施設としては内科病棟、外科病棟、伝染病棟があったが、その外、院長の意向で特別病棟をつくり重病患者を収容して看護婦中心の看護を集中的に行っていた。ただし伝染病患者や排菌性の結核患者は特別病棟でなく伝染病室に収容した。

『消せない記憶』より

湯浅　それはなにかコワイような。僕は内科医なのであまりメスはもたないし、いやだなあという感じでしたけれど。「生体解剖」をやったら技術が磨かれるなんて、そんなことまで考えなかったですね。

内海　そうすると、当時慈恵医大の中では、当然中国へ行けばそういうことがあるということを、暗黙の了解としてみなさん受けとっていたんでしょうか。

湯浅　そうですね。

内海　それは、日中戦争が始まってから、ずーっと続いていたということですね。

湯浅　そうですね。彼が僕より三つ上だから、昭和十五年ごろ、聞いたんだと思います。

内海　一九三一年(昭和六)が「満洲事変」ですね。

湯浅　まあ、蘆溝橋(ろこうきょう)事件がおこって、日中全面戦争に入ったあたりからですね。

内海　そのころからやってたんですね。

「生体解剖」は軍命令

内海　「生体解剖」の手続きですが、「やるべし」という命令は第一軍から陸軍病院と各師団旅団あてに発せられ、病院ではその命令に従って病院長と庶務主任が準備を整える、ということですが、そうすると「生体解剖」は軍命令ですか。

湯浅　軍命令です。

日常の命令と作戦命令は、秘密の命令ですからみんなに出さないんです。私が庶務主任をやっているときに、命令かそれに類したものがきました。計画をたてろということで私が立案したんです。

内海 では、石井四郎中将の七三一部隊が特殊ではなくて、中国に派遣されている軍は、軍命令として生体実験をやっていたわけですね。

湯浅 そうですね。軍命令でやりました。私が計画を作って許可を得て、病院長の判をもらって提出したんですから。間違いないです。

しかもまた太原にいったら、兵藤という優秀な外科の軍医部長が指導して、みんながずらーっと回りに集まってやっていたんです。私らといっしょにやったのが四〇人ぐらいはいましたね。

内海 湯浅さんは、中国で勤務されて「手術演習」したわけですけれど、南方でもどこでも、そういう形の手術演習があったと考えられるということですか。

湯浅 それは、推察だけで、よくわからないですが、たぶんあったでしょうね。

実験台にされた人たち

内海 それで、この実験台になった人たちはいわゆる普通の捕虜ではなくて、「八路軍と密通しているとされる被疑者だった」とありますけれど、捕虜はやらなかったんですか。

湯浅 僕たちの病院には、捕虜はこなかったですね。よくわからないですね、憲兵隊から回ってくるだけで。

内海 手術する相手がどういう背景をもった人かというのはほとんどわからない。

湯浅 いやあー、わからなかったですね。

この時潞安陸軍病院で行われた手術演習は、第三十六師団の野戦部隊の軍医の教育のためのもので、わたしたち陸軍病院の軍医は、その手伝いをする、という立場にいた。総数一万八千を擁する第三十六師団の野戦部隊には軍医が三十七、八名もいただろう。わたしがはじめて出た手術演習に集まったのは、その内の十一、二名、安陸軍病院から、新任の軍医五名と、その他の者二、三名、全部で二十名位の者が参加していた。

『消せない記憶』より

内海 手術場で、ことばを交わすということもほとんどありえないという状況ですね。

湯浅 僕はその時[*]、いやだという捕虜をね、つき出したんです。そのときの気持ちは、将校服着ていい白衣きてるから、とっ組み合いになって汚れたらみっともないという気持ちだけで、この人はなにしたんだろうか、親はどうしてるんだろうか、なんてなにも考えなかったんです。

内海 恰好よく兵隊の前で威厳をみせてやれ、とそれだけなんですよね。中国語ができて、ことばを交わしていると、感情の別な流れがあるけれど、相手との関係は全然ないんですね。

そこで拒否した軍医さんはだれもいなかったんですか。

湯浅 要領よく先輩はサボってました。忙しいとか、適当に理由つけて。やっぱりいやだからね。

内海 やっぱりいやだという感情はあるんでしょうか。

湯浅 やっぱりいやですね。

内海 最初は知らないからとにかく参加する——。

湯浅 いや、知らないからじゃないんです、出なくちゃいけないからです。命令ですから。「出ろ」「はい」ということです。

内海 そうすると、なかには、サボるという形で実質的に拒否する人たちも出てきたんですね。要領よくサボった先輩たちのように。

なんのための「生体解剖」か

内海 戦場で必要な手術、たとえば貫通銃創とか腕や足の切断とかを「生体」を使って実験して、医者の腕をあげさせる。それによって、自軍の将兵の治療をするということですね。

湯浅 つまり第一線の部隊から陸軍の病院まで連れてこられないんですね、占領地域は点と線だから。連れてくるには五〇人とかで護衛して占領地以外の所を通らなきゃいけないですから、それは無理なんです。すると第一線で手術をしなきゃいけないんですね。手を切り足を切り、時には盲腸の手術も。

だから、それができないと、隊長は兵隊に「突撃!」とはいえないんです。「うちの軍医は弾丸(たま)も抜けない、手も足も切れない、負傷したらどうするんだ」ということになる。だから第一番には戦力の確保ということがあります。

内海 そうすると、第一線の部隊に軍医が全部配属されていて、その軍医を定期的に呼び集めてはやらせたということですね。

湯浅 そうですね、部隊の軍医を教育するのが、我々の陸軍病院の任務です。

それからもう一つ、度胸だめしね。「生体解剖」ぐらい平気でやらないようでは皇軍の軍医にはなれない、というわけです。

だから一回目はおそるおそる、二回目は平気で、三回目は進んで大胆に、見せてやろうという気持になりましたね。

内海 やっぱり一回目は、何となくいやなんですね、みんな。

湯浅 ええ、それはいやですね、生きた人間殺すんですから……。

内海 最初のときはいやだったから、終ったあと、とにかく酒飲んで大騒ぎして気をその横に二組の手術台が置かれふたりの看護婦たちが、手術刀、はさみ、メス、鉗子などを用意していて、そのガチャガチャという音が部屋中に響いていた。わたしは、その手術道具を用意しているふたりの看護婦の一方の、華やかな目鼻立ちをいまでもおぼえている。（中略）
　看護婦が男に近付いて、
「睡覚（スイジョオ）（ねむりなさい、横になりなさい、の意味）」
　といった。彼女は、
「麻薬給不痛（マーヤオケイプトン）（麻酔薬をするから痛くない、の意味）」
　と、怪しげな中国語をつかって、簡単に男を横にしてしまった。慣れた様子でそういった。わたしは、あの看護婦、平気であんなことをいっている、と思って聞いていた。ひとたび、麻薬を打たれたら、その男は、決してその眠りから覚めることはないのだ。

『消せない記憶』より

紛らわした、でも、それもせめて二回目ぐらいまでで、あとは慣れてしまい日常的な感じになってくるということですか。

湯浅　そうですね、衛生兵の教育のためにということで、全く私の意志でもって憲兵隊に電話をして「手術実験に使うから、一人くれ」といってね――。そのときの衛生兵に三年前に会いましたが、「あの時は、軍医殿はひどいことをすると私たち思いましたよ」といわれたんですが。足を切っていて、一人脳貧血をおこして倒れちゃったのもいました。

内海　当然中国の人たちも、その日の様子でわかりますね。

湯浅　わかったんでしょうね。中庭なんかには誰もいませんでしたよ。またその辺にいたら「オイ、なにしてる」なんてとがめられますからね。

看護婦さんの参加

内海　看護婦さんが「生体解剖」にずいぶん参加してますね。

湯浅　そう、若いかわいい看護婦がね。いっしょにやったんですけれどね。ニコニコ笑ってしゃべりながらやっていました。
　でも、そのニコニコ顔には理由があるとあとで思ったんです。真剣な顔してやってると怒られるんです。「貴様、戦争に勝つための手術演習に何か不満があるのか」とね。だからでしょうね。

内海　この本でも、看護婦たちはかなり慣れた様子だった*と書いてありますけれど、ずーっと病院に勤務している看護婦たちは、自分たちがなにをやってるか知っていたわけですね。

湯浅 知ってました。

内海 その人たちはつかまらなかったんですか。

湯浅 敗戦後、太原に残った人はつかまったけど、先に日本へ帰っちゃった人はつかまらなかったんです。

内海 では女性で戦犯になった人はいるんですか。

湯浅 ええ、同じ太原監獄には二人いました。

内海 そうですか。女の戦犯は、九大の看護局長だった筒井しず子さん一人だけと聞いていていましたが、中国では二人いたんですね。

湯浅 でも、戦犯といっても釈放になったんだから……。

内海 「起訴猶予」というより、全員免責になっていますね。

軍医の地位

内海 連合軍における軍医の地位は日本軍よりずっと高かったといわれていますが、日本軍では、軍医の権限というのはほとんどなかったんですか。

湯浅 なかったですね、戦う人間でなかったから一種うしろめたさがありました。だから遠慮がある。連合軍のように軍医に対する価値観をもっていなかったんです。軍全体が軍医を尊重していなかったんですよ。命をはって戦っていたかどうか、というところからくるんじゃないんでしょうか。

内海 例えばですが、給養が少ない、入院患者の食べ物が悪いというとき、もっと栄養のあるものを食べさせるようにと、軍医の名前で要求するということはできないんですか。

湯浅　要求まではできないです。助言する程度ですね。隊長への意見具申という形でね。

内海　意見具申が通らない場合はどうなるんですか。それに医薬品の供給については要求しないんですか。

湯浅　医薬品の補給については大いに要求しますが、それ以外はもうだめですね。統帥系統がありましてね、それ以外は最終的な決定権はないんですよ。

内海　でも兵隊の状態ないしは捕虜の状態について、一番適格な知識をもっているのは軍医ですね。軍医の意見というのが上層部に反映されることはないんですか。

湯浅　戦力増大に適った場合はあるでしょうが、それ以外はほとんどないですね。

内海　南方で戦犯になった人のなかには、俘虜収容所関係者が多いんですけれど、なかでも俘虜収容所にかかわった軍医の戦犯というのが非常に多い。連合軍の場合は、軍医の権限が強いですから、捕虜に対する給養の悪さ、医薬品不足による病死は、軍医がきちっと改善を要求しなかったからだ、軍医の「マル・トリートメント」、つまり虐待に当るというので、軍医がずいぶん戦犯になってます。

湯浅　そうですか。

内海　ですから軍医が意識的に虐待したというよりも、医薬品の不足、栄養失調などによる捕虜死亡、それに対して軍医の責任を問うという裁判ですね。

中国戦線でもですね、軍医たちが進言することによって生体解剖を中止するなんていうことは、日本の場合はまったく考えられなかったんでしょうか。事態にただ追従するだけで。

湯浅 そうですね。

特権階級として

内海 湯浅さんは初年兵教育の訓練は全然受けてないんですか。

湯浅 私は軍曹で入って、鉄砲もって一カ月訓練して、すぐ曹長、見習士官でしょ、それで一カ月たったら中尉になっちゃったんですよ。ぴしゃっとしない軍医ができちゃってねえ、仲間と喫茶店へ入ったら、軍刀置いてきちゃうし……。

内海 じゃあ、撲られたり、蹴られたりという世間一般のいわゆる初年兵教育はなかったんですね。

湯浅 そうです。

内海 やっぱりそれは医者の特権ですね。

湯浅 そう。そうやって戦争遂行したんでしょうね。特権階級を仕立てて、おまえには御馳走やるからと使ったんでしょう。

意識転換

内海 当時、自分たちが「生体解剖」していることに対する罪悪感は、まったくなかったんですか。敗戦後も自覚しなかったんですか。

湯浅 ええ、したことを忘れてるんですからね。

内海 そうするとまず、自分のやったことを思い出すこと、その意味を自覚的にとらえ直すこと、そして自分がやったことを洗いざらい話す、そういうことはどこが契機になったんですか。どこかでふっ切れないとしゃべれませんよね。

湯浅　それは収容所へいれられた時ですね。みんながこういうことで取調べを受けてる、と聞いた時、ハッと気がついたんですよ、俺も生体解剖しちゃったんだってね。

内海　収容されるまでは、中国に残った日本人への医療活動をしてますね。その時は、悪いことをしたなんて全く考えなかったんですか。

湯浅　平気でしたよ。

内海　そうでしょうね、だから残られたわけでしょ。悪いことやったという自覚があったら一般避難民に混じって日本に引きあげてきてますよね。

湯浅　避難民をみてもそんなこと考えなかったし、僕らの仲間は誰もそんなことといわなかったですね。

内海　自分のやったことが問題だったという意識がないから、医者の腕を生かして中国で働こうと思われたわけですね。早々と日本に帰った人の中には、湯浅さんのように戦後も気がつかなかった人たちがたくさんいるんですね。

湯浅　だからある軍医大尉にしても、僕が出した本を見て、「ああ、そうだ、俺もやったんだ」と思いだしたわけでしょ。

内海　遠藤周作の『海と毒薬』*という小説がありますね、あれは、九大の「生体解剖事件」がテーマですし、戦後の戦犯裁判でも「九大生体解剖事件」が問題になってい*ますから、その大尉が、やったということを自覚する機会は戦後いくつもあった

『海と毒薬』
遠藤周作　新潮社　一九六〇年

傍聴家族も一団で
「生体解剖」裁判聞く

――『朝日新聞』一九四八年三月十二日付

と思うんですが。

湯浅　他人ごとだと思ったんでしょうね。

内海　多くの中国人を解剖したということについてそこまで無関心になれるということは、中国人に対して人間的な関心をもってなかったということですか。最初お伺いした一等車に乗りあわせた中国人に抱いた、ああいう感情のせいでしょうか。

湯浅　そうですね。それと日常的なことでまったく忘れちゃってたんです。

内海　湯浅さんの場合もそうでしたか。

湯浅　まったく覚えてなかった。罰せられてね、収容所に入れられて初めて、「あっ、悪かった」と思ったんです。感情の問題として、間違っていたというのはわかるけれど、「申し訳なかった」「あいすみません」というふうにはならない。「申し訳ありません」と思ったのは、私が生体解剖した方の母親からの、手紙をもらった時――あの頃からです。

その手紙というのは、こう書いてありました。

湯浅よ。わたしは、お前に息子を殺された母親だ。あの日の前日、息子は憲兵隊へ引っ張っていかれた。わたしは憲兵隊まで行き門の前でずっと見張っていた。次の日、突然門があいて、息子が縛られてトラックに乗せられて、どこかに連れていかれた。わたしは自動車のあとを追いかけたが、纏足(てんそく)の足で、追いつくわけもなくたちまち見失ってしまった。それからあちこち息子を探したけれども、どこへ行ったのか、さっぱり分からなかった。翌日、知り合いのひとが来て教えてくれた。おばあちゃん、お前の息子は、陸軍病院へ連れていかれて、生体解剖されたんだよ、とそのひとはいった。わたしは悲しくて悲しくて、涙で目がつぶれそうだった。それまで耕していた田も耕せなくなった。食事もとれなくなった。湯浅よ、いま、お前が捕えられているると聞いた。どうぞ、厳罰をお前に与えてくれるようにと政府におねがいしたところだ。

内海　実験台に使った人たちが人間だったということが見えてきたわけですね。親もいる、妻もいる、子どももいたかもしれない、ということがわかった時、そしてその人たちの怒りと悲しみにふれた時に初めて「アレッ」と自覚したということですか。

湯浅　そうですね。

あの時のお母さんの手紙は本当に心うたれた。もしそのお母さんが現われたなら、俺をぶったり蹴ったり、どうぞしてくれっといいたいような気持ちでしたね。

僕が直接連れてきたということではないんですけれどね。でも、人間て恐ろしいですね。僕はこの手紙を読んでると、憲兵隊の前にたたずむ老婆の姿までわかっちゃうんですよ。中国の帽子と纏足(てんそく)の足で、石コロのある道、雨が降るとわだちの跡が残るぬかるみの城門への道を、あのおばあちゃんのかけてくる姿が、表情まではわからないけれど、恰好が目にうかんじゃうんです。

内海　それは知ってる方だったんですか。

七三一部隊
日本軍における細菌戦研究および準備の起源は、一九三一年満洲に設立した「東郷部隊」といわれる実験研究所であったが、一九三六年、東郷部隊はハルピン近郊に移り、規模が拡大された。その後、一九四〇年には「関東軍防疫給水部」という名称を持つようになった。ハルピンの満洲七三一部隊と、南京の一六四四部隊では「人体実験」が行われていた。

元七三一部隊隊員の証言
七三一部隊でもっとも熱心に行われた実験は、ガラスチャンバーでのガス実験であったと思う。

湯浅 知らないですよ。でも中国人の一般のおばあちゃんを知ってますからね。面影をつくっちゃうんです。

日常業務としての「生体解剖」

内海 私は、生体解剖というと、七三一部隊のイメージで、非常に限られた事件というふうに思っていたんです。ところがこの本を見て、生体解剖というのが、手術演習ということばに置き替えられると、特殊なこととは認識されなくなってしまう。日常的な業務の一環になってしまうんだなあ、ということが非常にショックでしたね。

だから日本軍の生体解剖では、九大事件とか、七三一部隊*が特に有名ですけれど、どこでもこういう感覚で生体解剖をやっていたということが初めてわかったんです。

湯浅 医者だけじゃなくて、みんなおもしろがってやったんですよ、第一線では。兵隊や下士官たちが女の腹を切って、子どもを取り出したりしたとのことです。

内海 中国でですか。

湯浅 ええ、おもしろがってやったんですよ。

内海 そういう話をよく聞きますけれど、本当にやったわけですか。

湯浅 本当です。

内海 どうしてそういう気持ちになったんでしょうね。女の腹を切ったりなんかしても、憲兵隊によるとがめはなかったんですか。中

建物の中に、ガス発生室と、マルタ実験のためのガラスで囲まれた小さな部屋、チャンバーがある。その大きさは一間半四方、ちょうど四畳半ぐらいの大きさで三面ガラス張り、天井と出入口側だけが板張りの部屋になっており、上部にガスがふきこむパイプが通っていた。

マルタは、普通三本か四本、年の頃は三十歳代で中国人が多く、ついでロシア人が多かった。通訳生がマルタに適当な嘘をいって送りこんでくる。

やがてガス発生機の音……大抵ガスは眼にみえない。ガラスごしにマルタの表情をみて、ガスの濃度や効果を知る訳である。

ガラスを通してみるマルタの表情、動きは刻々に変わる。ガスの種類によって、突然、泡を噴き出す者もあれば、苦痛に顔をゆがめる者もあり、鼻水を出したり、時には喀血する者もいる。

使用ガスは、イペリット、ホスゲン、ルイサイト、青酸ガス、一酸化炭素ガスなど、さまざまである。

『日の丸は紅い泪に』
越定男　教育史料出版会

国人を殺すことは問題じゃなかったんですね。

湯浅　それはさっきいったように、治安地区でやったら問題になりますけれどね。第一線ではどんな殺し方をしようといいんですから、逆に勇気があることだったりしてね。

この間テレビで放送された「ベトナム戦争」の第一回目見ましたか。

内海　一回目は見ていません。

湯浅　一番さき、海兵隊が首をブラ下げてくる場面があるんですね。よく映しましたね。ああいう行為が勇気あるし、おもしろいことなんですね、戦場ではそこまで落ちちゃうんだから。

まったくの興味本位で殺したんです。我々の仲間はそのままの意識で日本へ帰ってきたんですよね。白状もしないし、白状する場所もない、たまたま白状すると、僕のところへきたように右翼から脅迫状がくる。だから黙って腹におさめてる。白状というのは後悔で、告白です。

内海　それによって、新しく自分が生まれ変われるのでしょうが、みんな呑みこんでいるので、自分を解放できない。

湯浅　出版のあと、十人くらいで東京で集まったことがあるんです。その時、もと衛生兵でいま歯科医をやっているという男がいて、僕があの本をだしたことを「恥だ」といって食ってかかったんです。そしたら当時下士官だった人が、「そんなことないよ。僕のいた病院だってみんなやっていたんだから、こんなこと当り前で、みんな知ってるよ」といってケリになりましたけど。

内海　それじゃ、軍医だけじゃなくて、衛生兵も看護婦も、知ってたんですね。

湯浅　ええ。証人ならばいくらでもひっぱってきますよ。勇気があればみんな証言します。

八路軍の戦争裁判

内海　戦犯裁判といっても、解放軍の裁判はほかの連合国のBC級裁判と全く違う。一方的に裁くのではなく、罪の自覚、認罪…、それを辛棒強く待ってますね。

湯浅　信じられないようなことがあります。

たとえばね、僕らといっしょにいた菊池という人なんだけれど、大隊長にもなった男でね、私と同じ監獄にいましたが、裁判の法廷で、自分のやったことを白状したんですね。ある場所で私は三人を殺したと証言したんですよ。そしたら裁判官が「菊池はそこで二人を殺し……」と罪状を読みあげていくんです。「何か異存がないか」「いや、私は三人を殺したんです」「三人じゃない、お前が殺したのは間違いなく二人だ」と。そこで言い合いになったんですね、裁判官は二人だというし、彼は確かにあの時三人を並べて、斬ったんだと――。

そしたら一人の男が呼ばれて連れてこられた。「俺を覚えているか」といわれても、覚えてない。「これを見ろ」といわれてみた。そしたら首すじに傷跡がある。「俺はお前に斬られて埋められたけど、夕方になってからはい出して逃げてきた」、「あーあ、すまなかった。悪いことをした…… 俺を死刑にしてくれ」と、その男の手をとって謝ったんですよ。そしたら彼はね、「あんただって、日本か

内海　ら好きで来たんじゃない、日本軍国主義の犠牲者なんだ。いっしょに戦争に反対しよう」というんですね。列席していた人も傍聴者ももうみんな泣いてね。そういうふうに言えるなんて、信じられないことですよ。

内海　そうですね。よくそういうふうに中国の人は言えましたね。私なんか言えない。憎悪で体調をくずしてしまうんではないかと思います。

湯浅　そういうのが『千人の戦鬼』*のなかに出てくるんですけれどね。看守が粟食べててもね、日本人には魚や肉を食べさせるとか。

内海　本当に、日本軍国主義によって洗脳されていた人間としての感性をとりもどすことを中国は一生懸命やってくれてたんですね。

捕虜収容所で

内海　収容所の中で告白の文書を書かされたんですか。

湯浅　捕虜収容所に入って、君も書けといわれて書いたんですが、最初は弁解ばかりなんですね。「命令されたんだ」とか、「僕は内科医でこうだった」とかね。

内海　それで書いたものを出すと、それは違うんじゃないかと——。

湯浅　いや、それがね、違うとはいわないんですよ。それはそれで受けとるんですよ。それでまたなにかの時に、あれじゃ足りないからとまた書かせるんです。「こんなこと書いて」なんてひとこともいわないんです。

内海　何回も書いているうちにだんだん自覚化というのが生まれてくるわけですか。

湯浅　そうですね。

＊『千人の戦鬼』
江先光　叢文社
一九八四年

最初はせまい部屋にいれられてブーブーいうんですよね。でも幾人かで戦争の罪悪を繰り返し話しあううちに、だんだんわかってくるんですね。「認罪」ですね。だからいま、君はどういう目的で戦争に行ったんだって聞かれれば、元軍医は、負傷兵を治療するためにだと答える人が多いけど、僕は人殺しに行ったんだといいますね。もっとも大きな人殺しですよね、戦争なんていうのは。

忘れてしまったこと

湯浅 あなたには信じられないかもしれないけど、生体解剖も「日常茶飯事」になると忘れちゃいますね。日常茶飯事になれば、どんなひどいことをしていても忘れちゃうんです。大体ひどいという意識がないから、とにかく頭がそこにないんですよね、それをずーっとほかの人にいい続けてるんですけれど。本当にみんながみんな、「いやー、君、人を殺して忘れるわけはない」なんていうことで絶対相手にしてくれない。

それから戦争で負けたということのショック——これでやっぱり忘れちゃう。看護婦もね、何でつかまったのか忘れちゃってる。「あんたいっしょにやったじゃないか」といわれて「ああそうか」。それでやっと自分を発見するんです。人を殺した自分をね。

内海 発見したときは愕然(がくぜん)とするでしょうね。

人を殺したということを忘れてしまうということですが、潜在意識として残ってはいても何となく気がつかず、思い出すこともなく日々を過ごすということはありえる、そうなってしまうことは考えられますね。名前を知り、日常接触をもっている人たちを、意図的に殺すということだったら、自分のなかに深く残るものがありますから、忘れられないですね。ところがどこのだれともわからない人間に対して、仕事として、戦争のなかで人を殺すときには自分のなかになんの感情も残らないんじゃない。だから忘れてしまうんでしょうか。

湯浅 なんの感情も残らないです。

内海 何年か前、東京の水道橋の飲み屋のおやじさんから、中国へ行って捕虜を殺した話を聞いたことがあります。日本刀で斬ってるんです。そのとき、どんな気持ちでしたかと聞いたんです。「いやぁーあなたたちが大根を切るようなもんですよ」、こういういいかたをしたんです。

「中国人への蔑視をもっている彼が、どこのだれともわからない中国人を殺した場合には、大根を切った位にしか、自分の中で受けとめられないのか」と思いました。戦争というのは、このどこの誰ともわからない人間を殺すことですから、戦争で何人殺しても心の傷として残らない人が多いんだなと考えましたね。だから私は現在のアジアの人と固有名詞で語るような関係をつくらなきゃいけない、と強く思ったんです。〝顔〟をもった人間としてアジア人が見える関係ですね。

例えば、湯浅さんに対してなんらかの心の動きがあって殺したとしたら、自分のなかにずうっと湯浅さんの影が残る。でも、だれか知らない一人の日本人を殺した場合、戦争中は殺すことはなんのとがめも受けないどころか、時には賞讃の対象にすらなるから、人を殺すことへのうしろめたさの感情も働かない。頽廃した精神のなかで、人間として感じとる感性も失ってしまっているともいえるんでしょうが、とにかくなにも残ってこない。

湯浅 戦争という関係のなかではね。普通なら残るけどね。とがめられることもないし、誉(ほ)められることもない、日常茶飯事、あっちでもこっちでものことなんですから。特異なことではないんです。

森村誠一の『悪魔の飽食』*の最後にね、「なぜ学者やインテリが進んでやったのか私にはよくわからない」という意味のことが書いてあるんです。それを私はいつも問題にするんです。藤原彰さんの本に*、戦争を自分から進んでやったという人は、ファシズムの本質がどんなものかよく理解できていない人だということが書いてあったんです。私もそういう感じがしましてね。進んでやるように仕向けられたとほとんどが時代の強制であると、そのなかで、ほんの少し自分の意志も働いたものだと、そうとらえてるんですよ。僕はね森村誠一さんは、戦争時代が考える自由もなにもなくて、強制された時代だっていうことを、体験していないのでこのような書きかたをされるんだと思うんですね。

内海 じわーっと押し寄せてくる閉塞(へいそく)感、圧迫感、つまり、物理的な強制じゃないけど選択肢を狭められて追いこまれていく強制ですね、そういうものが、戦後生まれの私たちには非常にわかりづらい。

湯浅 そうですね。

内海 戦争時代を生きた人の、ことばにならないその時代の雰囲気ですか、それがなかなか伝わらない。

『悪魔の飽食』
森村誠一　光文社　一九八一年

『太平洋戦争史論』
藤原彰　青木書店　一九八二年

される側の視点から

内海　湯浅さんの本を読みながら、このとき捕虜はどんな気持ちだったんだろう、その家族の憎悪心は、今でも深い恨みとして残っているのではないか、という「された側」のことを考えました。この本をまとめられた今、それをどう考えていらっしゃいますか。

中国の戦線でいつも問題になる強かんの問題を、私は直感的にされる側の視点で見てしまう。そのせいか「生体解剖」でも、自分を解剖される側において考えてしまう。自分が解剖されたらたまらないと。どうしても捕虜の気持ちに思いが及んでしまう。恐怖、絶望なんていうなまやさしいことばではいい尽くせない。

湯浅　おっしゃられる通りです。拘留中は被害者の立場に立って自分の罪業を反省するようにと教わりましたが、これは口でいうほどなまやさしいことではないですね。この本をまとめるまでは、私がやったことを公表することの重さばかりに気がまわってしまって苦しかったけど、自分の過去を告白した。いままではそれで済んだという気持ちでしたが、これからはされる側に立って、もう一度自分たちのやってきたことを考えたいですね。

内海　実験台になった人たちも、家族を背負った一人の人間だったんですから、当然親もいるし、奥さんや子どももいたかもしれない。その人たちは今、どんな思いでいるんだろうかと、思ってしまうんです。自分の夫が「解剖」されたとか、自分の父親が殺された人たちは、絶対日本を許せないのではないでしょうか。「いつか殺してやる」と思い続けている人がいてもおかしくないと思う。具体的に殺すという意味ではなくて、蓄積されていく怨恨をはらすことができるように、世のなかを変えていくというふうに考えているかもしれませんが。そういうふうに思わなければ、あまりにもすくいがないですよね。弱者はいつも踏みつぶされたままですから。

湯浅 中国が私たちを裁かずに、自らの犯罪を自省できるまで、長い時間とエネルギーをかけて、私たちを見守ってくれたのは、そうした弱者の立場に立って、再び侵略に加わらない主体をつくるためだと思っているんです。だから日本に帰ってきて、私たちはずっと日中友好の活動を続けてきました。

内海 それにしても、自らの罪を自省する過程で、中国の戦犯管理所でいくつもの手記が書かれていますが、それを読んでいると、自分の家族の安否を気づかった記述がずいぶんありますね。引き揚げ、敗戦と社会的混乱のなかに放り出された家族のことを心配するのは、自然な感情なんでしょうが、自分たちが殺した人たちにも家族がいるということに思いをいたす記述がほとんどないですね。それはだれかが特別だというわけでなく、当時の兵士たちの一般的な考えかたのようですね。

自分の殺す相手の背後になぜそれが見えないんでしょうね。

これは戦場だけの特殊な問題ではなく、今の日本とアジアの関係でも、相手が見えないという意味でかなり似かよった構造を見る思いがします。

なぜ、自分の前に立つアジア人が見えないのか。アジアとのかかわりが深くなればなるほど、この問いの意味は大きくなる。湯浅さんの勇気ある告白をうけて、これから私も一緒に考えていきたいと思います。

ありがとうございました。

7

占領軍に没収された『日本の悲劇』

亀井文夫

記録者とはこういう人をいうのだろうか。亀井さんは、今でも超小型カメラを持ち歩いて、町で見かけるなに気ない風景や、ちょっと珍しい光景をとり続けている。そのあくなき好奇心に圧倒される。

日本ドキュメント・フィルムの事務所に伺ったところ、情熱をこめて、現在製作中の映画『生物みなトモダチ』への思いを語られた。インタビューは6時間を超えた。体力では負けないと思っていた私だが亀井さんのエネルギーの前にあえなくダウン。

公開されなかった『戦ふ兵隊』、占領軍に没収された『日本の悲劇』と、亀井さんは、いつも権力とぶつかってきた。だが、「ぬらりくらりとやればいいんです」とおっしゃる亀井さんは、風のごとく自由に時代を生きてきた。時(とき)をみつめるしたたかな〝眼〟は、いまも小型カメラにおさめられている。　(U)

戦争に負けた時、ワルイけど僕は手放しで喜んだ

内海　私はこれまで映画について特別な関心をもっていたというわけではないので、「亀井文夫」という名前も、実はよく知りませんでした。数年前、八月十五日の催物で『戦ふ兵隊』という映画を見てショックを受けたんです。戦争中に、戦争の実態をここまでカメラに収めていた人がいたということもそうですが、少しもアジテーションを入れずに、事実で、今、何が中国で行なわれているのか克明に描いている。日本の兵隊の衰れさがにじみ出てくる映画ですけど、同時に中国農民の視線をきちんと入れこんでいる。今、私たちはよく「アジアへの加害者の視点」ということを強調しますが、この映画には、被害者でありまた加害者でもある日本兵の姿がある。「亀井文夫」という名前が私の脳裏に焼きついたのは、この映画のすぐれた視点と映像に出会ってからです。その後、『女一人大地を行く』（一九五三年作品）を拝見する機会がありました。この映画には実に、解放感がみなぎっていた。戦後の労働運動をとりまく未熟だが明るい、素朴さみたいなものを感じさせる映画でしたね。実際には朝鮮戦争の休戦協定が調印されたりはして

「軍鑑だけはこなかった」
東宝争議　一九四八年

いますが（七月二七日）、敗戦直後のエネルギーは押えこまれており、社会状態はかなりきびしかった。レッドパージ、サンフランシスコ平和条約の発効直後のメーデー事件など、労働運動への弾圧だけでなく、日本の変革運動への弾圧が続くなかでつくられた映画ですね。それでも、今見て、のびやかな明るさと解放感を感じさせるのは、たたかう側にまだ弾圧をはねのけていく貯えられた力があったせいでしょうか。世の中が動いている、動かせるという感じがありましたよね。

亀井　ええ、解放感ね。

内海　それを画面いっぱいに感じましたね。山田五十鈴の若さもあるかもしれませんが……。

亀井　あの映画の四、五年前に、東宝に争議があったでしょ。

内海　ええ、一九四八年八月から始まった東宝争議ですね。一二〇〇人の人員整理が発表されて、労働組合がストに入った。

亀井　あの時僕は非常に楽しかった。「楽しい」という言葉に、いろんな人から苦情がでたんですが、「苦しい」か「楽しい」かは、戦時中にどう生きたかで、だいぶん違うんではないかしら。

内海　戦争中のことを考えると、東宝争議が楽しかったということですね。闘争の苦しさと、戦争中の抑圧された苦しさとの質的な違いを、争議が「楽しかった」と表現されたんですね。だから〝暴力で文化は破壊されない！〟とか〝来なかったのは軍艦だけ〟というコピーがどんどん出てきたんでしょうね。

亀井　戦争中、戦争協力のほうへウェイトをかけた人はね、戦争に負けたということに対して手放しで喜びは感じないでしょ。僕はね、喜んじゃったんですよ、敗戦の発表があった瞬間……。

あの時、一方では二重橋の前で割腹した人もいたわけでしょ。だからその時代をどう生きたかで感じ方は違うんで、いろんな点で僕も戦争に力をかしてるんだけど、本音は、できることなら、戦争をね、ぶっ潰したい気持ちでいっぱいでしたよ。だけどそいつはできない。でも自分で納得いかない不満なものを、何かの形で外へ吐き出したかった。

だからそういうふうに生きてきたから、そいつが公然と出せるようになった瞬間はね、パーッと目の前が明るくなったようなね。それこそアメリカ映画に『我が生涯の最良の年』とかいうのがあったでしょ、実感としてよくわかったね、あれ――。

僕は権力をコワイとは思わない

内海　じゃ、八月十五日は、何ものにも代え難い解放感だった。心の底からつきあげてくるような喜びがあったんでしょうね。

亀井　うん、昼メシ食っていた時で、「やった！」っていう感じで、茶椀を天井に放り投げて外に飛びだしていったんですよ。

その日のことを、岩波ホールの、あの高野さんとこでだしてる機関誌に書いたことがあるんですよ。「私の戦争と平和」*っていう随想を。

戦前、僕はね、特に平和運動の闘士などといった勇気ある人間じゃないんだけ

*『Iwanami Hall 2』№46　一九七二年二月号

「暴力で文化は破壊されない」ポスターをもっている人が亀井文夫。東宝争議　一九四八年

どね、特別に権力をコワイとは思わなかった。赤ん坊みたいなとこがあったんですよ、きっと……。赤ん坊って強盗に対してもニッコリほほ笑みかけるでしょ。もっとも、権力っていうものもね、一皮むけば弱点だらけで、民衆をコワがっていると思うんですよ。

内海　戦争中からそういうふうに思ってらしたんですか。治安維持法違反でつかまっていてもですか。

亀井　ええ。いまでもそう思っていますよ。まあ、それは、肉体的にいろいろやられるのはコワいですよ、だけどもね、といったってこっちの命をとる以上のことはできないじゃないかと。

で、むしろね、たいていの人がつらがってるのは、家族を養わなきゃならないとか、奥さんがワアワアいって、それに責められた場合ね。コワいことですよね。だから僕のところの家庭っていうのは、その点であまり責めなかったから。だから「勝手」なことを考えられるし、うちへ金を持っていかなくても文句もないし。一カ月に一銭二銭の金しかなかったこともよくあったんですよ。

内海　奥さんは大変だったでしょうね。収入のあてにならない夫のカネで暮しをたてていくんだから。それで文句もいわない――。私なんかとても真似できない。ど根性があった方ですね。

亀井　一番つらかったのはね、子どもが小学校の遠足に行く時、なにか買ってやらなきゃならないでしょ、その時がとてもつらかった。その時はあっちこっち回って借りるんですよ。それで金を借りる技術なんかまで、覚えちゃってね。

昭和十七年（一九四二年）
二月六日(金)晴
（略）
一時、甘露寺次長来室、昨日拝謁の際申上たる大東亜戦は容易に終結せざるべく、結局建設を含む戦争を徹底的に戦ひ抜くことこそ平和に至る捷径なりとの余の論に対し、御心境を皇后陛下に御洩し被遊れたる由にて、次長より話ありたり。
（略）
二月十二日(木)晴
（略）
戦争の終結につきては機会を失せざる様充分考慮し居ることとは思ふが、人類平和の為にも徒に戦争の長びきて惨害の拡大し行くは好ましからず。又長引けば自然軍の素質も悪くなることでもあり、勿論此問題は相手のあることでもあり、今後の米英の出方にもよるべく、又独ソの間の今後の推移を見極めるの要もあるべく、且又、南方の資源獲得処理についても中途にして能く其の成果を挙げ得ない様でも困るが、それ等を充分考慮して遺漏のない対策を講ずる様

内海　どうやって借りるんですか。

亀井　相手と対座して、チャンスを狙って切り出すなんていうのはだめなんですね。最初の瞬間「今日は金借りに来たんだ」と入っていって、相手を——。

内海　その気にさせる？

亀井　制圧しちゃうんですよ、ハッハッ。

『日本の悲劇』はどういう意図でつくった映画か

内海　戦後につくられた『日本の悲劇』（一九四六年完成）ですが、天皇制と天皇の戦争責任を追究した映画ってうかがってますが。

亀井　それも入っていますが、メーンテーマは、なぜ日本は戦争を計画的に敢行したかという解説映画です。ミスター・ヒロヒト。あの人は、あの十五年戦争の中心にいて、何が何でも勝ちたいと、一生懸命やったと思うんですよ。侵略戦争かどうかなどということは、問題ではなかったんでしょう。侵略であることぐらいは先刻承知していたと思うんですよ。あれだけのすぐれた大脳＊と、あれだけの情報量を持っていたわけだから。知っていながらそれを止めようとしなかったということに問題があるという意見が、占領軍の内部にもあったと思うんですよ。

何しろ兵隊にしてみれば、天皇の為にということが唯一戦いの生きがいだったんですよ——「大君の辺にこそ死なめ……」といったムードで。

内海　生きがいというか、それだけしかあの戦争で死ぬ大義名分がなかったんですね。

亀井　大義名分なんですよ。だから、それをね、天皇が放任しておいて、あれだけの

にせよ。

（略）

二月十六日（月）晴曇
（略）

シンガポールの陥落につき祝辞を言上す。

陛下にはシンガポールの陥落を聴し召され天機殊の外麗しく、次々に赫々たる戦果の挙がるについても、木戸には度々云ふ様だけれど、全く最初に慎重に充分研究したからだとつくづく思ふとの仰せ（ママ）り。真に感泣す。

（略）

三月九日（月）晴
（略）

午前十時四十五分より同十一時四十分迄、拝謁す。

御召により御前に伺候したるに、竜顔殊の外麗しくにこにこと遊され「余り戦果が早く挙り過ぎるよ」との仰せあり。七日ジャバ方面にてはバンドンの敵軍は降服を申出で、目下軍は蘭印の全面降服に導かんとしつつあり、スラバヤの敵軍も降服し、又ビルマ方面にてはラングーンも陥落せりとの御話あり。真に御満悦の御様子を拝し、

戦争の悲劇を、これは中国人だけじゃないですよ、日本人に対してもね、あれだけの悲劇を体験させてね、自分の責任というのをはっきりさせなきゃいけないわけだけど、それを、戦争処理の時にははっきりさせなかった。

内海　アメリカが占領にあたって天皇制を利用しましたね。それが天皇の戦争責任を政治的に不問に付すことになった。でも、東京裁判のキーナン検事が、天皇に戦争責任なしと言明するのが一九四七年十月十日ですから、それまでは、天皇を戦犯として訴追することも含めて、かなり天皇の戦争責任が問題になってましたよね。亀井さんは四六年というずいぶん早い時期にこのフィルムを完成させていますね。

亀井　アメリカ軍が日本を占領した時に、ダビッド・コンデという人が占領軍の宣伝班として日本に来たんですよ。ニューディール派のリベラルな人で新聞記者上りだったんですけどね。その人がわれわれ（岩崎昶（あきら）と僕）にいうんですよ、「なぜ日本が戦争を起こしたのか、今後どうしなければいけないのかというようなことを、日本の国民にアッピールする映画をすぐ作ってほしい」って、で僕は「新しく撮影するには時間もかかるし金もかかるから、戦争中のニュース映画をそのまま再利用すればいいじゃないですか」といったんですね。そうしたら「グッドアイディア」だということになって、作ったんです。

戦後は『日本の悲劇』の後篇

内海　敗戦直後に、どのような視点でまとめられたのですか。

──感激の余り頓には慶祝の言葉も出ざりき。

『木戸幸一日記』
木戸日記研究会編
東京大学出版会　一九六六年

亀井　当時国策のニュース映画を作っていた日映（日本映画社）というのがあったんですがね、そのニュースフィルムを使ってね、戦争を積極的に指導したものや協力していたリーダーたちの映像を中心に編集したわけです。

映画の冒頭に、「支那（シナ）を征服せんと欲せば、まづ満蒙を征服せざるべからず」という、田中覚書（メモランダム）を出したんです。昭和八、九年ごろかな、田中義一の書いた上奏文だということで何となく伝わっていたんですよ。もっとも、歴史家は上奏文が外へしれることはあり得ないということで、公的な権威ある文書とは認めていないようなんです。ですから、映画で正確な、歴史的な、公的な資料として使うことは避けて、いわゆる「怪文書」として扱ったんです。ただ驚くべきことには、十五年戦争の日本の軍隊や国策の歩みの軌跡を見ると、この「怪文書」通りになっているじゃないか、という筋立てにしたわけです。「東亜は日本のものだ」、「世界は日本の八紘一宇」とか、そういうふうに極端に、露骨に、過激に言っているのでわかりいいんです。

結局、明治建国の「富国強兵」計画の実践だったわけです。西欧に遅れをとった日本帝国主義が、『野麦峠』っていう映画にも出てくるけれど、繭で海外貿易をやって金を手にいれて、それで強力な天皇の軍隊を育てて、強い富める大日本帝国を作るんだということをやったわけですね。それが失敗したので、戦後は「経済」の手段で、その国策を継承していると見る見解もあるわけですよ。いまの日本の「集中豪雨」みたいな貿易進出をほかの国はそういう受け取り方をし始めてるむきが少くない。殊にアジア近隣の国々が。そうだとするとね、日本の戦前の「富国強兵」論が、歴史的に今日まで続いて「富国強国」論といった外見に看板を塗り変えて荒稼ぎしているという見方もできないことはないと思うんです。そこに「日本の悲劇」の後篇出現の心配があると思うんです。

米軍にもっていかれた『日本の悲劇』

内海　出現の可能性は実に大きいと私も思います。それでこのフィルムは、アメリカ占領軍の検閲で、上映許可取消の命令が出されたということですね。

亀井　そう、一週間やっただけで上映禁止になっちゃったのね。

戦争中のニュース映画の記録がたくさんでてくるので、看板を塗り変えただけで戦後の指導者に居座った人たちは大変困ったわけだね。西尾末広さんの部下というのが日本映画社にきて「あの映画に西尾さんの顔を出すのは何とかしてくれないか」といってきた。鳩山一郎さんなんかも困った方でしょう。戦時中積極的にニュースカメラの前に立った人たちは、みなせんせんきょうきょうしていたんです。

そういうわけで、吉田茂さんが、マッカーサーの部下のウィロビーに、上映禁止を頼んだと伝えられてるけれど、結局一週間上映しただけで持っていかれちゃったんだな、米軍に……。

内海　敗戦後、軍国主義者が突然、昔からの戦争反対論者となったり、民主主義を口にしたり、見事な変身をとげた知識人や文化人が多かったんですね。この映画は、そういう意味で「実害」があった——。

亀井　みんななんかのきっかけで、看板を塗り変えたいと思っていた。で、戦争が終った時に看板の塗り変えに大忙しだった。*

内海　それでアメリカ占領軍が上映禁止にしてフィルムを没収した。アメリカ占領軍への幻想は、一九四七年の二・一ゼネスト中止命令を待たずに、亀井さんのなかではっきりうち破られた、少なくとも、世相は戦前も戦後も変わらないとわかった。だから東宝争議にアメリカの戦車がきても驚かなかったんじゃないですか。

亀井　そう。むしろ幼稚なオドカシと感じた。

内海　それでいま『日本の悲劇』はどこかで観られるんですか。

亀井　アメリカに持っていかれて、三年前かな、返還フィルムの中に含まれて送られてきて、近代美術館のフィルムライブラリーにあります。

そう、生きていく知恵は母親から学んだんです

内海　亀井さんのお宅は皆さんクリスチャンでいらしたんですか。

亀井　そう、信者というよりは一家の慣習みたいなものですね。

内海　お母さんも信者だったのですか。

亀井　そう。母は、聖公会の信者でした。

内海　そして、お兄さんは軍隊の中でキリスト教の伝道をしていたとか。

亀井　うん、「コルネリオ会」っていう。コルネリオっていうのは聖書に出てくる軍人使徒ですけどね。兄の先輩で、利岡さんという退役軍人がつくって、そのなかでいっしょにやっていたんです。

　さらに一九四六年には、亀井文夫を監督に起用して記録映画『日本の悲劇』を製作した。これは戦前からのニュース映画の断片などをモンタージュしてそれにコメントを加え、太平洋戦争は資本家と軍閥の帝国主義的行動によって起されたものであることをマルクス主義的に解説してみせたものだった。この映画で亀井文夫の左翼思想とモンタージュの天才がいかんなく発揮されたのは、大元帥の軍服姿の天皇の写真が、ゆっくりと長いオーバー・ラップの末に、いつのまにか背広姿に変るところだった。服装だけが変ったにすぎない！　と、このモンタージュは叫んでいた。

　この映画はいったんアメリカ軍の検閲をパスした。ところがなぜか、突如、あらためて検閲不許可になり、八月に公開されていた映画館からフィルムを没収された。戦争中に『戦ふ兵隊』で上映禁止を喰った亀井文夫は、戦後もまた、上映禁止を喰うという、日本映画史上もっとも戦

——闘的で体制批判的な実績を持つ映画作家となった。岩崎昶はプロデューサーとしてアメリカ軍に勇敢に抗議した。

『キネマと砲声』
佐藤忠男　リブロポート　一九八五年

陸士
115ページ参照

『日本映画監督全集』
キネマ旬報社　一九八〇年

内海　お兄さんは軍隊のなかで、そういうキリスト教のグループをつくってどんな活動なさったんですか。陸士*出身の職業軍人でいらしたんですね。

亀井　ええそうです。陸軍でね。うちの兄は、早いうちに病気でなくなっていたが、仲間の大部分は、完璧に戦争遂行をした人たちですね。

内海　じゃ、そういう意味では、亀井さんはお兄さんとかなり違った生き方をされた……。

亀井　そうですね。しかし、いつも軍人の実像を裏から見聞きしていたから、それ程強大なものとは感じなかった。「張り子の虎」だといった感じですね。表からみると何かすごいでしょ。でも映画のセットですよ。裏は全部新聞紙なんかまるみえで。こっちからみると石垣だったりして……。

内海　軍隊はセットだ、と。表から見ると立派でも、なかはそれ程でもない、裏から見るとつぎはぎだらけ、けっして誇れるようなものではない…それはお兄さんの軍隊にいる時の様子をみていて、権力なんてもろいものだという見方をするようになったんですか。

亀井　まあ、ね……。

内海　そうですか。『日本映画監督全集』*の亀井さんの経歴のところに米騒動のお話がでてくるんですけれど。権力で守られているものはもろい、反対に、小さな民の声を代弁するような立場にあれば強いということを体験的に感じていらしたんですか。

亀井　そうだねー、安全感というかね。

内海　そうすると、米騒動（一九一八・大正七年）の時の恐怖が、その後もずーっと。米騒動は十歳のときでしたよね。

亀井　そりゃ米騒動そのものは恐怖ですよ。毎日伝わってくるんです。昨日はどこそこの米屋が焼き打ちされた。今日はどこそこの米屋がやられたと。次第に接近してくるんですよ。米屋が焼き打ちされる時はね、巡査が焼き打ちする人たちを放任しておいて、周囲に火が移らないように回りを取りまいてね、いわば焼かせるみたいなことをするんです。警官ももうそれを止めることはできないわけですよね。

内海　他所に広がらないようにという、その程度の警備ですね。

亀井　そう、それ以上にはできないんですよ、止めると大暴動になるでしょ。そういう時にね、近所の人たちがね、「文夫さんとこは大丈夫だ」っていってくれたんですよ。どうして大丈夫かっていうとね、米を売る時に、無慈悲なことをしてないからって。

米を量る時、升に盛りあげてから、米を円形のならし棒でならして平らにするでしょ。一般の米屋さんは、その丸棒を持つ指を米の中に突っこんでね、多くかきとって量目をごまかすんですよ。ところがうちのおふくろは、まっすぐに量って、更に一握りおまけを入れるんですよね。だからこの一握りをやるから、焼き打ちはないと言ってくれたわけですよ。それでああそうかと思ったんですがね。

内海　その升の量り方、私もよく覚えています。上手な人がやると、米の表面がスーッとへこんでいたりして。敗戦後によく見ました。なんか大損した気になりますね、あれは。お母さんの一握りおまけは、やっとの思いで米を買う庶民にとっては、本当にありがたい、得した気分になりますよ。

亀井　こういうこともあったな。うちの屋敷の外に畑があって、そこに大きな柿の木があった。ある晩のこと、柿泥棒がきていたんです。うす暗い中でコトコトって音がする。柿泥棒っていうのはね、カマボコ板みたいなのを持っていて、やたらとアチコチたたいて、音がするともぐんですね、ある晩、音が聞こえるからよくみると黒い姿が見えるんですよね。それでね、おふくろのところにとんでいってね、「柿ドロボーだ」って怒鳴ったらね、おふくろが僕の手をつかまえて、ひっぱたいて、家の中へ連れていって、「柿の木っていうのは枝がもろいからすぐ折れる。騒いで泥棒が落こったら、大ケガするじゃないか」っていうんですね。黙っていればすぐ帰って行くって。

内海　うーむ、すごくスケールの大きいお母さんですね。柿泥棒を知っていても見逃す、それだけではなく、子供の方をおこるところなんてね。

亀井　でも、そういうことだけでもなかったんです。家にね、泥棒が入ったことがあるんです。おふくろはね、それをじーっとみていて、泥君が出ていってからね、ピストルの空砲をバーンとぶっ放した。銃砲店をやってた時だったので……。

内海　泥棒は腰抜かしたんじゃないですか。とったものも置いて逃げた。

亀井　置いてはいかなかったけど、ビックリして逃げてったそうです。おふくろはこうしておけば二度と入らないからって。二年位あとになって、どっかでつかまって、品物が見つかったから取りにこいって警察から連絡があって取りに行ったみレーニングラード演劇映画技術院に聴講生として学ぶ。ソヴェートでは肖像画や革命戦の歴史画などには興味が湧かなかった。彼をとらえたのは宣伝ポスターであった。粗悪な紙質、低い色彩印刷技術などの革命後の困難な条件を逆手にとって原色を主調とした図案化した政治宣伝ポスターに新鮮な感動をうけた。そして革命運動を軸とした新しい人間関係をドラマにし、セット撮影から脱出して積極的にロケイションをとりいれた当時のソヴェート映画に興奮した。留学三年目、肺結核の発病で、やむなく帰国。彼は死を覚悟した。だが幸い母がサナトリウムを経営していたので十分な療養ができ、命拾いをしたのだと述懐している。療養生活二年。その間、一度死んだ自分だから恐いものはない、これからは自分の信じる道をすすもうと決意。彼の言葉によれば〝第二の人生〟の始まりであった。回復した

たいですけど。

つまり、非常に気丈な人でね。生きていく場合の知恵を身をもって教えてくれたんですよね。

内海　お話を聞いているだけでも、惚れ惚れするほど気丈でしっかりしたお母さんですね。

「文化学院」に通っていたころ

内海　ところで文化学院に入って、すぐやめてらっしゃいますね。文化学院にいるうちにソビエトに行く手がかりをつくられたわけですか。

亀井　その頃は、末弘厳太郎の弟なんかが中心になって、社研みたいなのをつくった。左翼全盛時代だったんですよ。末弘君が教えてくれたんですよ、〝レーニン〟という名前を。僕は「なるほどえらいもんだなあ」と思って聞いていただけで、何も知らない頃でした。でも「唯物史観」には興味をもったね。

ソビエトに行こうと思ったのは、思想的なことじゃなくてね、ただ日本のその当時の生活がいかにも空しい感じがしてね。モダンボーイとかモダンガールとか言って、その最先端が何か暗い感じを受けたのね。もっと明るい生きがいのある世界があるような気がして。つまり「山の彼方（かなた）」に憧れたんですよ、たぶん。

内海　モガ、モボの流行に暗い感じをもったというのは、頽廃の影を感じたということでしょうか。それで健全な明るさを求めた？

亀井　そう。地球のどこかには、もっと明るい、手ごたえのある世界があるんじゃな

彼は再度ノヴェートに渡ろうと思い渡航手続きのため上京。たまたま会った友人の画家の紹介でP・C・Lに入社、33年であった。
『日本映画監督全集』
亀井文夫の項抜粋

いかと。

内海　東京で生活している頃ですか。

亀井　そうです。ソビエトにそれがあるんじゃないかと。そういうところで新しい空気にふれたかったんだよね。

日本がよくなったって「シナ」が悪くなったらだめじゃないか

内海　戦争の前というのは、もう少し社会の機構が単純に見えてましたか。

亀井　みんながね、ある完成度に達していた近代化社会の中に住んでいた。つまり、天皇陛下のもとで、日本の国を豊かにして、みんなが幸せになるようにという、ほとんどの人がそいつを是認していた。

内海　そのなかで、亀井さんは映画を撮る際、立脚点がはっきりみえていたということですか。というのは、日中戦争が始まっていますね、そういうなかで自分は映画という武器を使って何を表現するのか、小さな民の声をいかに汲みとっていくのかという。

亀井　それほどはっきりと意識したわけではないが。ただ僕は、この「日本丸」の進路はまちがっているんじゃないかと、非常に不安だった。だって日本が良くなるというけれど、その分だけ「シナ人」(中国人)が悪くなったんじゃ、だめじゃないかという平衡感覚っていうのが僕にはあって、この状態がいいんだと思えなかった。

内海　多くの人たちが、「東亜建設」とか「アジア解放の聖戦」だとかの宣伝に踊らされていたときに、そういう視点がもてたのはどうしてですか。

亀井　いや、みんなのなかにもあったと思うよね。ただ戦争はだれかが行ってやってくれるぶんにはやむを得ないが、自分が行くのはいやだといった気持ちがあってね。全部が全部、陛下の御為に戦って、国の為に斃れてもいいんだという、そんな一色じゃなかったと思うんですよ、本音は。ひとりの兵隊のなかにもいろんなものが渦をまいてるんです。

内海　その渦まいているものを、戦争遂行へと引っぱっていくために、映画は絶好な宣伝武器になった。映画はそのために「映画法」なんかで規制されますね。当時の映画屋さんは、戦争にどうかかわっていたんですか。

亀井　映画屋さんだってそうですよ、反国策的な企画じゃ認定がとれない。そうなるとフィルムがもらえない。だから国策に従ってやるべきだと。もっとも一部には勇ましいのがいたわけですよ。そんなのを、当時の新聞・ラジオも誉めるしね、実入りも多くなるし。とに角勇ましいのはね、そっちへ積極的に行くわけです。いまのテレビにも、そういう傾向が強いですね。

内海　実入りがいいっていうのは、非常に大きいですね。それに有名になって皆がチヤホヤする。何か自分に対して錯覚をおこすんじゃないでしょうか、実力があるんだと。それに、気分がいいでしょうしね。

亀井　実入りに振り回されないためにはね、生活の最低限を自給自足に徹すればいいんですよ、いざとなれば、自分で作ったカボチャとか大根だけでも、生きていけるという自信を獲得できれば、やっぱり、テレビコマーシャルを超越してやって

三拝九拝して、道祖神に祈る
『戦ふ兵隊』より

ゆかなければ。ハッハッハ。

『生物みなトモダチ』のテーマ

亀井　いまの文明というか、社会はね、アミダクジをやった場合のように、いちばん遠いところを迂回して目的のところまでたどりつくようなしくみになっている。昔はね最短距離だったんですよ。だから今度の映画でもね、ラッコが海に潜ってウニを食ってるところがある。うまそうにまるかじりしてるんですよ。ちょっと潜ってね、食えるわけですよ。タダで、新鮮でね、一番うまいものを味わってるでしょ。

ところが我々文明国人はね、そいつを食おうと思ったら、まず十五年ぐらい学校教育を受けて、生存の資格をとり、サラリーマンになって、やっとスーパーへ行ってウニの生(なま)を買う。冷凍ものでね。それでうまいのうまくないのって騒いでる。グルメだとか何とかいって。コッケイじゃないですか。バカバカしい価値観にふりまわされているのが現代文明人ですよ。

内海　人間の労働が質的変化を起こしてしまっている。働いていても、何かを生産しているわけではないから、労働の実態がつかみにくいし——。ウニが口に入るまでずいぶん多くの人の労働が加わっていますよね、それにエネルギーが。ラッコのようなわけにはいかなくなっている。

ヨーロッパの資本主義が行き着いた先では、かなりそこらへんが問い直されて、価値観の転換が始まっていますね、オールタナティブテクノロジーや、人間の身の丈にあった技術と生存のあり方が論議されていますし。

私たちも、教育を受ければ受けるほど、生き残る知恵から遠ざかっていくことを頭では知っていて、そこが問題だということに多少気がついてはいる。それなのに生活のスタイルをなかなか変えられない。

亀井 生活のスタイルを変えにくいのは、わかるんです。といって、このままでは駄目になる。だったらどうするか、という具体的な答を僕は出したいんです、この映画で。

それは、「はじめに人が酒を飲み。中ごろ酒が酒を飲み。しまいに酒が人を飲む」つまり、酒に飲まれるな、というのが映画のテーマなんです。「知恵の暴走」ではなく、知恵の制御」を訴えたいのですよ。どうして眼鏡をかける人が多くなったのでしょう、照明が、電灯で明るくなったのに。すべて、便利な道具に依存度が高くなると、人間の本来持ってる肉体の機能が退化してくる。われわれのからだは使わない身体の機構には、エネルギーの配給を停止するからですよね。それほど人間の肉体の構造はムダ使いがきらいなんですよね。

このポスターは『トリ・ムシ・サカナの子守歌』と題する『生物みなトモダチ』のパート2 教育篇のためにで、ボランティアの人々が作ってきてくれたんだけど、ちょっとおもしろいでしょう——。

国ヲ守ルタメニ戦争スルヨリモ　地球ヲ守ルタメニ戦争ヲヤメタラドウデスカ！　ソノタメニハ日本国憲法第9条（戦争放棄）ヲ世界中ノ憲法ニ入レテ

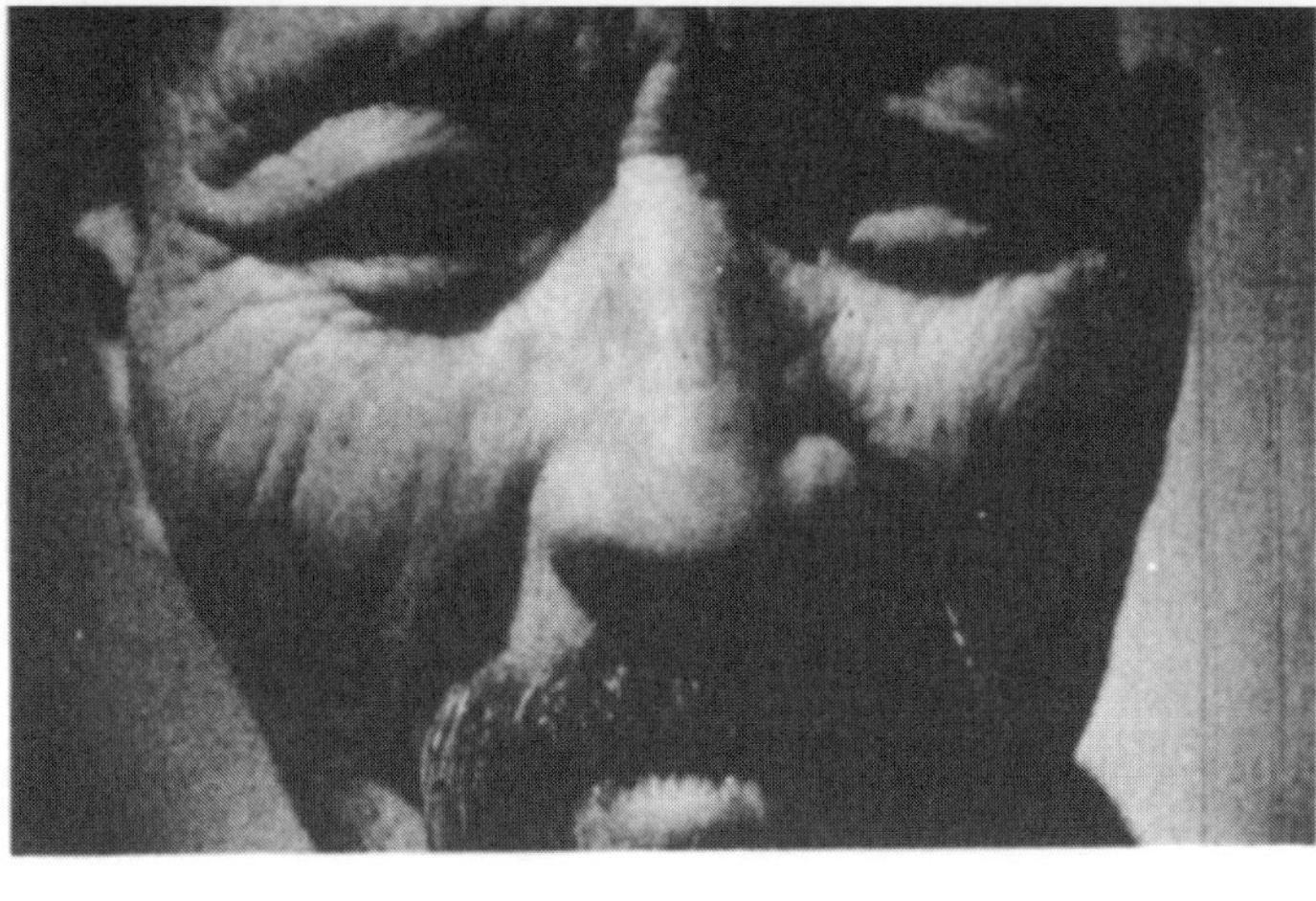

焼き払われるわが家を悲しげに見つめる中国の農民
『戦ふ兵隊』より

下サイト諸国民ニ訴エタラドウデスカ！

日本はね、戦争放棄、これが日本だけにあるのではバランスがとれないから、なくしようと言ってる人が多いようだけど、それなら全部の国に入れてもらってもバランスはとれるだろうというのがぼくの言い分なんです。また核問題ですが、抑止力として核を持つというんですが、持たない均衡も考えられることを問題にしたい。全部にないのも抑制になるんじゃないかと考えてほしいんです。持つことだけを一面的にみて、国民みんながそういう議論にのせられているのはばかばかしい。

内海 ＜戦争ヲヤメル＞という単純なことが一番むずかしい。

「トリの目」をもって生きる

亀井 僕の基本の考えはね、ものは二つの反対したものを一体としてもっているということなんです。二つの反対の、つまり磁石のN極とS極のような――。

内海 戦前からそういうものの見方をされていたわけですか。

亀井 戦前から、そうはっきりしてたわけじゃないけれど。この頃考えたらそれ以外にうまく説明がつかないわけです。

内海 さきほど『戦ふ兵隊』の中で、戦う日本の兵隊がいて、侵略される「シナ」の、中国の民衆がいる、その両方を撮られてるでしょ。物事には必ず表と裏がある、その両方の力のひっぱりあいのなかで事態は動いているから、必ず二つの視点から見ていくというわけですね。

亀井 それが、トリの目っていうことなのです。つまり、ナショナリズムだけじゃないわけね。

内海 ええ、偏狭なナショナリズムではとらえきれないですね。

亀井 そういうことは、ずーっとあるんですよ。だから『戦ふ兵隊』の中で日本の兵隊の悲しみや苦しみだけじゃなくて、全ての生物の苦しみというところから戦争を把える必要があるんじゃないかということを描いたわけなんですけれど。それは当然でしょ。

内海 『戦ふ兵隊』のなかでとても印象的なのは、馬が置き去りにされて、ドーッと倒れる場面です。人だけじゃなく、馬も戦争に動員されて殺されていく、非常に印象的で、今でも時々思い浮かべる場面です。人間―兵士たちの悲惨さもそうですが、あの馬の倒れる場面ほど戦争の虚しさをうったえているものはないように思えました。

亀井 僕が戦争をそういうふうに描くのはね、基本の見方は、一人の人間のなかには殺伐なものと、そいつを抑える平和主義的なものとをもってるということなんです。磁石はS極とN極をもっていると、そして反対のものをいつも一つにしているということが重要で、その割合が数字で分けられないほどしょっちゅう増減し流動していると。そして、流動しながら、絶えず安定均衡の方向に向かってゆく。それに、磁場っていう考え方があります。自分の中にはSやNがある、もう一つ環境の中の磁性がわれわれ自身のSやNに影響を与える。

置き去りにされた馬が、ドーッと倒れる。戦力にならないものは全てすてていく。
『戦ふ兵隊』より

ですからね、磁場と自分自身の対立場を統一したものとのなかで、しょっちゅう、流動し、変化しているのが人間だと。この対極の割りあいを、固定的な数字に置きかえられるようなものではない。

僕の視点はトリの目なんです。ナショナリズムじゃなくてね。それで、もうひとつ広い見方をしなきゃいけないと思うんだけど。それは、人間の立場には違いないけど、人間以外の生物も含めた視点っていうことね、ここらを視点にしておけばね、まず人間間に起こっている、地球上に起こっている今日的やっかいなことは解決できるんじゃないかと思うんです。

内海 人間の間の被害加害だけでなく、生物を含めた人間の位置を考えていくんですね。その時にトリの目の手法を用いる。絶えず変化する事象を記録する視点をどこにおくかということが問題ですね。

それをずうっと考えていらした。

亀井 それでさらに拡げていくと、自然ということ、すべてが、森羅万象が影響しあうわけで、自然の調和のなかに、虫も人間も生きているわけでしょう。

内海 そのテーマが、今度の『生物みなトモダチ』につながっていくんですね。

『戦ふ兵隊』

内海 一九三七年に記録映画史上の名作といわれる『上海』を編集、三八年に陸軍報道部の後援で『戦ふ兵隊』の撮影に入られるわけですね。

亀井 ええ。

内海　『戦ふ兵隊』の撮影は、漢口作戦に従軍したカメラマンの三木茂さんといっしょですね。三木さんは『上海』のカメラマンでもありますよね。三角山をめぐる攻防の場面なんかは、ほんとに最前線の部隊で撮影されたんですか。

亀井　中隊本部の場面は、再現です。田中中隊というのが、自分たちの体験をそのまま再現したんです。場所は最前線です。最前線があるでしょ、その外へ行っちゃうこともよくありました。

内海　じゃあ、日本軍の占領していない、中国の民衆の暮すところへ出かけたんですか。

亀井　そう、いわゆる敵側。そこまで行っちゃったの。だけど敵と味方っていうけどね、敵と向き合っているその中間があるわけですよ。敵も味方もいない空白地帯が。ない場合もありますけどね。あるほうが普通ですよ、戦争では。

内海　今も朝鮮半島の三八度線の休戦ラインにある休戦地帯のように、いわゆる二つの勢力の間の空白地帯ですね。そこは安全だったんですか。

亀井　主観的には、安全なような気がした。だって、こっちは相手に危害を加えようとしているわけではないから、相手も危害を与えないだろうと、そう思っちゃうわけ。禅の悟道の境地みたいなものですね。実際は危険地帯にちがいないのだが。

内海　こちらが武器を持たなければ、相手も攻撃しないし警戒しないという安心感があったんですね。

　四人で一チームになって移動してたんですか。

亀井　そうそう。

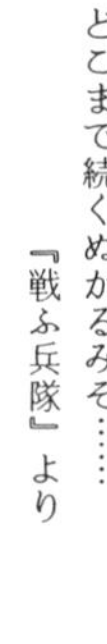

——どこまで続くぬかるみぞ……
『戦ふ兵隊』より

兵隊の日常

内海 置き去りにされた馬が倒れる場合なんか、さき程もいったように非常に印象的なんですけれど、あれは軍隊が通ったあと、置き去りにされてたんですか。

亀井 いろいろなものを置き去りにしていくんです、軍隊というのは。

内海 戦争に役立たないものはすべて捨てていくんですね。馬だけでなく人間も。兵隊が泥んこ道を黙々と行軍していく場面、あれを延々、撮ってます。あー、兵隊というものはこんなものかと、兵隊のつらさが画面からひしひしと伝わってきますね。少しも格好よくないし。

亀井 あれは——、つまり内地にいるお母さんやお父さんたちが、息子たちが「勇ましく」戦っていると思ってるでしょ、「突撃！」とかなんとかいってやってると思ってるとね、なんということはない、来る日も来る日も馬車引きをやってるということを、映画で知ると、かえって、ふだん着の息子を感じる。勇ましい映画をつくって、戦場気分をもりあげるようなことは、ぼくにはできない。

内海 そうですか、「どこまで続くぬかるみぞ……」という軍歌の文句は兵隊の実感だったんでしょうね。

映画でもそうですが、中国戦線では、兵隊はめったやたらに歩かされたでしょ。重装備ですごい泥道や黄塵の中を。

亀井 そう、だから「歩く兵隊」だとかいってね。火野葦平の『麦と兵隊』にしても歩いてばかりいますよね。日中戦争当時はみなそうだったんです。

いろんな映画でやってる戦争活劇を、アメリカ映画でもよくやってる、あれを何もこっちがやる必要ないんで、戦場の日常性を見てくれればそれでいいと思ってたんですよ。

というのは、当時国内で、中国戦線での実情を伝えるような映画があったかというと、そうではなかったから、観客が戦場の本質を見抜いてくれるような映像を出す必要があったんですよ。

内海　兵隊の日常は、あれが本当なんですね。勇ましくも何ともない。黙々と命ぜられるままに歩き、馬をひく、飯盒メシを食うといったことが。

亀井　日常的ですよ。だってね——、もし毎日緊張度合いの強い生活ばかりだったら気が変になっちゃいますよ。兵隊っていうのは、よく悪いことするでしょ。あれは、いってみれば、気分転換なんです。だから戦争には悪いことはつきものですね。

内海　でも、その気分転換のために強かんされたり殺されたりしたのでは中国人もたまりませんよ。日本の兵隊は抑圧されている分だけ、中国人に悪いことをしたんでしょうか。被害者は簡単に残忍な加害者になっていったんではないですか。可哀そうな日本兵と残忍な日本兵は、一人の兵士の中に共存する二つの顔ですね。中国民衆にはその残忍な顔がいつも向けられていた。「東洋鬼」ですよ。戦争に悪いことがつきものということを冷酷に受けとめて、絶対に戦争はやらないという考え方を広めることは重要ですね。

亀井　戦争という人間の攻撃性を美化するのは、やめるべきでしょう。

家を焼きはらわれた子どもたち。『戦ふ兵隊』より

宝石に見えたサンキストのレモン

内海　それで『戦ふ兵隊』の撮影の時、亀井さんは三〇歳ぐらいでしたね。同年輩、それよりももっと若い兵隊たちが行軍してるのをかたわらで見ているわけですね。兵士を眺める視線も、自ずと自分の姿とだぶってくるのではないですか。

亀井　そう。僕らね、あのサンキストのレモンなんかを、上海から箱に入れてたくさん積んでいったんですが……。

内海　サンキストのレモンですか。

亀井　そう、そうすると、兵隊たちがそれをみて欲しがって、売ってくれ売ってくれで、ほんとにどういうんかな、ちょっとこういう物を目にすると兵隊がいっせいに回りに集まってきちゃって。

内海　やっぱり前線だとビタミンCが不足するからですか。それにあの黄色い色が戦場のくすんだ風景の中で、一段とすがすがしく映ったんでしょうか。私なんかも戦後「サンキストレモン」が出回った時のちょっとした感動を覚えています。

亀井　そう、やっぱり目で見たって宝石でしょ、あれはねー。兵隊にとっては、三度三度乾燥野菜で……ワラ食ってるようなものでしょ。だからね、みずみずしさに引きよせられた。イタリア映画の『戦火の彼処(かなた)に』のなかにあるじゃないですか。修道院に入ってきたアメリカの兵隊が最初に気をひかれたのは、庭のあれは青リンゴだったかな、果物の木を見つけて、大騒ぎするシーンね。そういうものから人間が切り離されたところに、軍隊とか、戦争というものの、反人間的環境

マラリアに患った兵隊は、真夏なのに外套を着て、ブルブルふるえながら乾燥野菜汁をつくっている。『戦ふ兵隊』より

っていうものを感じるんです。それを意識的につくり出すということでしょう。

「帰りたい！」

内海　あの映画のなかで、妻が送った写真と手紙が、夫の戦死の後で着いたっていうのがありましたよね。手紙のなかで、「天皇陛下サマのために戦って欲しい」と書きながら、その前に「身体を大事にして戦ってくれ」って書いてるんですね。「命をかけてくれ」なんて書いてない。

亀井　そう「天皇陛下サマのために死んでくれ」とは書いてないいんですね。

それから、自分の夫や息子や兄弟が戦場で勇ましく戦っていると思っていたら、現実はマラリアに患って、根拠地のテントのそばで真夏なのに外套を着て、ブルブルふるえながら飯盒で米を炊いたり乾燥野菜汁をつくって食ったりしている。そういうのをみてショックを受けるわけですよ。

若い人のなかでチャンバラみたいな戦争映画をみて、戦争活劇そのものをカッコいいものだと思ってる人がいる。僕はそういう人に言うんです、「戦場生活とは、ふだん君らの一番いやがることが九〇パーセントそろっていると思えばいい」って。それを強制されることが戦争に動員された兵隊なんですよね。カッコいいなどというのは、スクリーン上のフィクションです。

それから、ロバの鳴くシーンがあったでしょ、「中支」の揚子江沿いの戦線では、日本の兵隊はみな経験したんですけれど、夜中、ロバが鳴くんですよね。兵隊たちはあの鳴き声が耳について忘れられないっていってましたけど――。兵隊

妻が子どもたちの写真を送ったとき、夫はすでに戦死していた。
『戦ふ兵隊』より

が戦場で人間性をとりもどして、詩的な感性を体験していたときですよね。

戦場の生活に慣れてしまうと、一面で人間性を失って残忍になると同時に、他の一面で人間性をとり戻して、故郷や家族のことを考えたり、いろいろな人間的感情がよみがえってくる。

『戦ふ兵隊』では、こういう戦場生活での、兵隊の複雑な気持ちを表現しようとしたんです。

兵隊のなかには「帰りたい」という願望がうずいているんだが、それをおさえて、国のためにつくしているんだと、自分にいい聞かせて自己暗示をかけて耐えてるんだよね。そうした兵隊の気持ちを表そうとしたわけね。例えばドラム缶に湯を沸かして入浴しているシーンのバックに流れている故郷の民謡はただの伴奏じゃなくてね、そういうときの兵隊の望郷の思いを表現したかったわけです。つまり早く帰りたいという、メッセージをね、内地の家族に伝えようというのがあの映画の目的ですよ。それを、手をかえ品をかえてやりたかった。

捕虜尋問の場面があるでしょ。

日本兵「商売は?」
捕虜「百姓」
日本兵「子供は?」
捕虜「二人」
日本兵「帰りたいか?」
捕虜「帰りたい」

この、全く似た者同士が戦っている現実を、みんなに深く考えてもらいたいのと、「帰りたい！」という痛切なメッセージを、「映画の手紙」で内地の人々に伝えたかったのです。

「早く戦争が終ったら」という願いを、「銃後の人々」の心に、呼び戻したかったわけ……。どうせ日本の戦争の結果は見えていたんだから。

戦争の結末は見えていた

内海 一九三八年、いわゆる「大東亜戦争」の始まる前に、中国戦線を見てらっしゃいますね、撮影で。その時に、日本の戦争の行方みたいなものを――。

亀井 それはもうダメだっていうことはね。これは、もう僕だけじゃないね、戦争のリーダー達が一番よく知っていた筈だ、多分ね。だけど、誰もそれはいわないわけですよ。いわないで、何かの形で情勢を転換したいと、そういうことが腹のなかにあったんじゃない？　例えば伊勢神宮へ頼んで転換したいとか。

内海 何で伊勢神宮なんですか、神だのみですか。

一九四一年、真珠湾奇襲の時は、世田谷警察の留置場にいたんですか。治安維持法違反容疑で検挙されて。

亀井 ええ。

内海 開戦の報を聞かれた時、何を考えましたか。

亀井 いやー、どうってね……。やっぱりやっちゃったかなーって感じだね。それでね、それで自分をひっぱったんだなあって。つまり地ならしっていうか、銃後の不一致と撹乱を恐れたんでしょうね。僕のほかには、前歴者というか、以前治安維持法でつかまったことのある人たちが続々と連れてこられた。

　ところがこっちは、撹乱するような人間じゃないわけですよ。それを僕は何かに書いておきましたけどね。「コミンテルンと雑魚一匹*」っていうのに。ところが向こうにしてみればね、大物だということだったのか、「コミンテルンノ指令ニヨリ、映画ニヨッテ、共産主ギ革命運動ヲ行ナッタ……」となっていたから。

内海　やっぱり、ソビエトに三年もいたので、何か指令があると思ったんでしょうか。それとも『上海』『戦ふ兵隊』『小林一茶』など一連の作品から、亀井さんのもつ「危険思想」をかぎとったんではないでしょうか、敵は。

亀井　でもね、全部洗えば、やっぱり雑魚だということがわかる筈でしょ。だから大物に扱われたということはね、何ていうかなー、恥ずかしいよね。ハッハッハ。

内海　でも、拘留は一年十カ月近くにもなりますね、警察の留置所から巣鴨拘置所に移されて、釈放は四三年の夏？

亀井　そう、突然出されて、保護監察処分にまわされた。でも、その前に、シンガポール陥落があって、看守がね「この戦況だと、君らも早く出られるヨ」なんて言っていた。巣鴨は、汚職政治家の別荘でもあったから、金さえあれば豪華な生活ができたね、イチゴや桜んぼうを添えたデラックス弁当なんかも食えた。その当時、シャバでは考えられない弁当だったね。

　巣鴨を出たあとは、「映画法」によって映画監督の登録が取り消されていたので、仕事ができなくてね。東宝を、重役さんに頼まれて退社した。

これも、当時としては異例の高額な特別退職金をもらって。

「映画法」ができた

内海 昭和十四年、一九三九年ですか、「映画法」ができたのは。

亀井 そう、そう。

内海 『戦ふ兵隊』は、三八年に撮影が終って四〇年に公開禁止になるんですけれど、その間に「映画法」ができたことになりますね。映画というのは国家意志に沿わないといけないという趣旨の法律が。

亀井 国策に沿うということね。

内海 そう、国策ですね。

亀井 当時「文化映画」といったんですが、今のドキュメンタリーをね。必ずこれを上映しなきゃいけないっていうことを義務づけたんだよね、映画法がね。劇映画だけじゃだめだって。劇映画っていうのは娯楽本意で、戦争遂行に即効性が期待できないと思っていたんでしょう、官僚たちは。だから国策を宣伝するのは「文化映画」だと。ですから「文化映画」というのをチェックして認定制にしてね、これを一本つけなければ、劇映画単独では、映画館は開けられなかったんです。

非認定文化映画『小林一茶』

内海 どこが認定するんですか。

亀井 文部省だけど、僕の映画は、認定をはずされたんですよ、『小林一茶』が。一九

陸軍報道部の人たちと『上海』撮影のうちあわせをする亀井文夫。後列左から四人目。その右隣、藤井慎一（録音）。前列左端、火野葦平。

四〇年だね。

内海　「文部省認定」ならぬ「文部省認定不合格」となってしまったんですか。

亀井　そしたらね、日劇の看板に「非認定文化映画」って大きく書かれたんだ、これがかえって当たったのね。

内海　認定を通らないものは良いもの、どこが政府の気に入らなかったのか、いろいろ関心を呼んだんでしょうね。

亀井　つまり、民衆の中にある「お上」に対する不信感っていうか、反感っていうかね。大体そういう傾向あったの、あの頃は。映画批評家が、ほめた映画は当たらない、けなすと当たるっていうジンクスがあって。だから「非認定」っていうのを東宝では大きな字で看板にいれた。

内海　「非認定」でも「認定」のものをもう一本つけると良かったわけですね。だから「非認定」の『小林一茶』も、一応上映はされたわけですね。だけど『戦ふ兵隊』は、上映もまったく禁止された——。（一九四〇年）

陸軍と東宝の取り引き

亀井　禁止されたというわけではないんですよね、宣伝試写っていうのを、うんとやったの、一カ月ぐらい。それはできたの。だけど、それは内務省の検閲に出したままになっていて、検閲試写は行なわれないままになっていたらしい。ていうのはね、この映画を指導したのは、陸軍の報道部なんです。元の新聞班というのかな、内務省の検閲にもしひっかかったというと、報道部の責任がでてくるでしょ。

だから何もいうことができないんですよ。それで報道部としてはこれをどうしようかとまあ苦慮していたんだと思います。『上海』の時はね、報道部の責任でやったっていうことで報道責任者が反対者を一喝してね、うまく上映ができたわけです。

ところが『戦ふ兵隊』になってくるとね、さすがにこれは困ったことだと思っていたわけでしょうね。

その時に東宝はね、陸軍が必要とする映画をつくるプロダクションを新設する計画があったんですよ。それはどういうことかというとね、日本にある古い大砲だとか銃とかいうものをね、太平洋のアジアの国々に売るわけですよ。植民地支配をしている宗主国に対する抵抗運動を起こさせる意図もあったようです。古い武器なんかを売る場合にね、それらの操縦の仕方や構造を教える訓練映画をつくってつけてやるという目的だったのです。東宝では、それを中心にやるプロダクションを、中につくるとフィルムがもらえる。それを劇映画制作に回すこともできるというんでね。どうしても、そういうトンネルプロダクションをつくりたかったわけよ。そのために献金をしたりしてね。陸海軍に。それでその時の条件として『戦ふ兵隊』をどう処理するかということが問題になった。それは「取り下げます」と、「ああ、そうしてくれ」ということになって、『戦ふ兵隊』は永久に塩漬けにすると。ですから検閲が却下でもなければ、通ったんでもなければ、うやむやにした。いわゆる政治的解決をはかって、一件落着。

内海　そうですか、政府が禁止にしたり、不認定にしたりすると事が面倒だから、エ

焼きはらわれた中国の民家
『戦ふ兵隊』より

サを与えて取り下げさせた。東宝の方も取引きの材料に使ったわけですね。

亀井 うん、取引きの材料に使ったということが真相らしいね。

「戦意高揚映画」！

内海 この『戦ふ兵隊』をとってた一九三八年頃は、フィルムはまだふんだんに使えたんですか。

亀井 これは、軍の「戦意高揚映画」だったから、フィルムは楽に使えましたよ。

内海 でも三木さんのカメラアングルと、亀井さんの編集だと、だいたいどういうものが出てくるか『上海』の経験から軍は読めなかったんでしょうか。

亀井 読めないでしょうね。僕は、とにかく、風のごとく自由だから、ハッハッハ。僕の方で読んでたんですよ。ある視点によっては戦意高揚で、しかし他の視点では違うという、いわゆる玉虫色のものをね。

内海 しなやかに生きたんですね。

亀井 いろんなものをいれておくんですよ。一方で軍規が厳しいということをいれながら、他方では軍規が全然問題にならないような場面をいれる。なんかわけがわからない、うやむやしながら、だけど見終ったあとで、へんに、気が滅入るようなね。そういう効果を狙えば大丈夫だろうと、ハッハッハ。

内海 だから、軍も正面きって禁止にできないで、処置に困った——。

亀井 軍の眼をかいくぐって、いろんな方法で、いれていくんですよ、たとえば、漢口入城後のシーンに入れたタイトルに「兵隊は名誉を語らない。ただグッスリ寝た

戦火を逃れて流亡する中国の農民。日本がよくなったって、中国が悪くなったらだめじゃないか。
『戦ふ兵隊』より

いだけだ」と最初書いたわけですよ。でも「ただ寝たいだけだ」ではいくらなんでも露骨なので、そいつを玉虫色の言葉に作るわけですよ(笑)。あの中で、他の人にはわからなくてもやむをえないということもあったのです。たとえば「兵隊は死闘している」、それは廬山の岩に、「歴史の一頁を刻んでいるのだ」と、つまり「かつて日本軍ここに侵略し来たりしことありき」みたいなことで、やがてまた日本軍は撤退するんだ、そういう思いを込めたわけ。「一頁」ということによって永久にあそこに支配権を持つということじゃないということをいいたかったのです。

また、この映画では、日本の兵隊の気持ちを出す一方で、中国の民衆の持っていたエネルギーみたいなものを対比的に出していて、街の防衛の為に張りめぐらした有刺鉄線に、菜葉を乾して利用しているところなど、民衆のバイタリティみたいなものを、映画の頭から終りまで出すんです。中国人民はしたたかに生きていて、日本兵は疲れてがっくりしているといった構成は、苦心のあったところでね。

「軍隊はかっこいいもんじゃないよ」

亀井　ただ、ある映画評論家がね、あれは組み立てが違うんじゃないかということをいってたね。中国の百姓がね、道祖神の前に三拝九拝しておる、そこから始まるんですよ。そして次にねー、民家がばーッと焼けて、焼かれた家族が、外に出て、赤ん坊抱きながら眺めてる、そこへ戦車が日の丸をはためかせながらやってくる

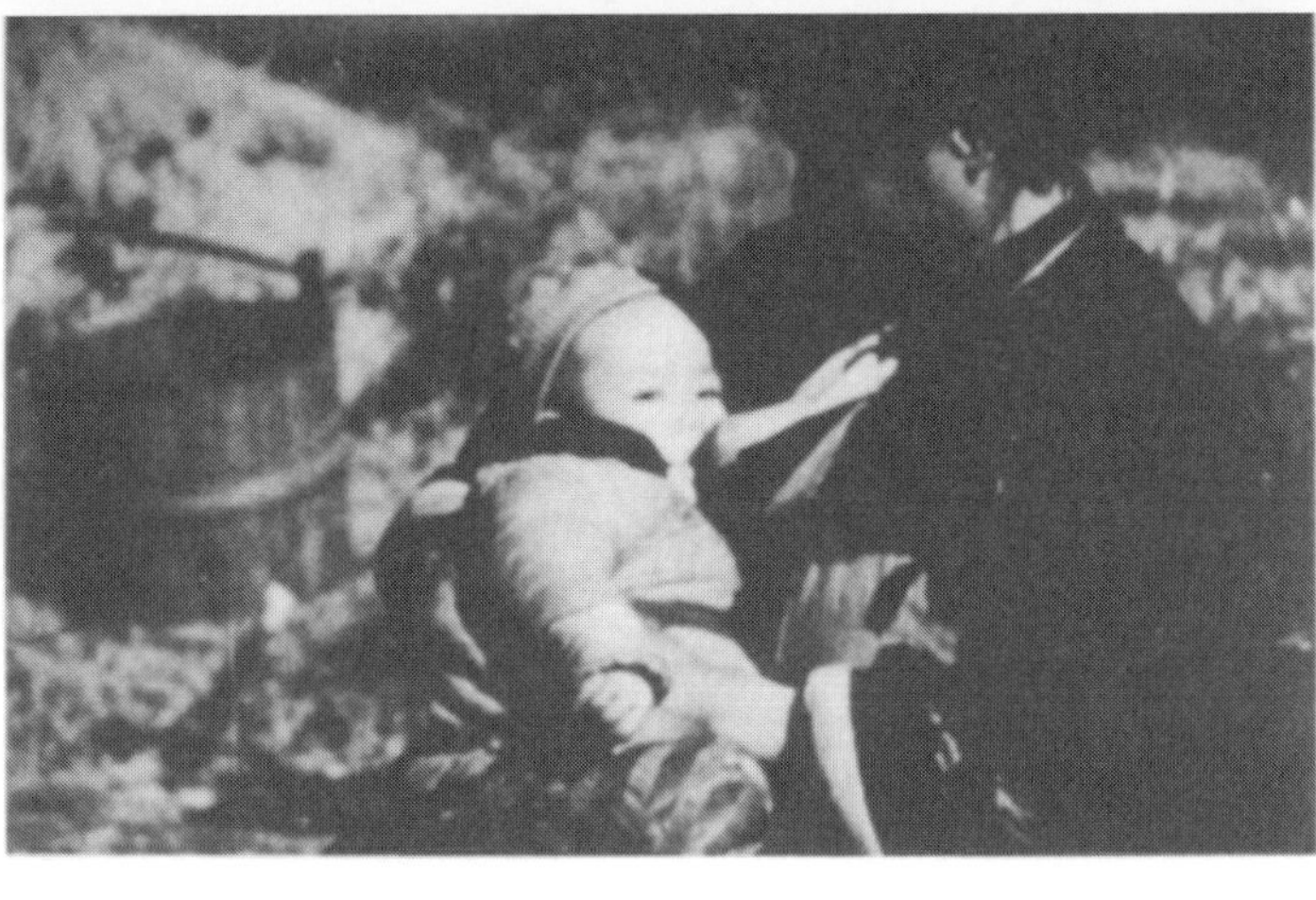

焼かれた家のかたわらで、わが子に乳をやる母親。『戦ふ兵隊』より

という構成がね、あれじゃ侵略だというんですねー。ハッハッハ。

内海　侵略なんて説明しなくても映像が雄弁に日本の侵略を物語るようにつくったんですね。

亀井　そういう批評家がいましたよ。

内海　やっぱり亀井さんの意図をよく読んでるんですね。

亀井　読むのがいたんですよ。それで最後にね、有刺鉄線に菜葉を乾してあって、そのそばで子どもが、どっかで拾ってきたのかなー、犬の子を抱いて、じーっとこっち見てるところで終るわけですよ。だから、戦意高揚にならないんじゃないかと。

内海　私はね、あれを見た時、兵隊って、哀れだなーって思いました。何ていうんですか、侵略に動員されている兵隊の哀れさっていうんですか。それがしみじみと伝わってくる。侵略軍の兵隊が何なのかを伝えるのにあのぐらいいい映画はないですね。もうみんな疲れきってますね。

亀井　だから「疲れた兵隊だ」って、特高警察はいってましたよ。若い人たちはねー、戦争をかっこいいとかっていう人もいるけれどね、かっこいいもんじゃないですよね。

内海　戦争はね、特に大義名分のない侵略戦争の兵士たちには救いはないでしょうね。ベトナム戦争に動員されたアメリカ兵の道徳的頽廃がよく問題になりましたが、中国戦線における日本兵は、もっと陰惨な姿ですね、上官からのたえざる抑圧と苛酷な軍務、貧困な装備、掠奪や強かんを何とも思わなくなる人間性の完全な崩壊、麻薬に走るアメリカ兵の比ではないですね。

「だらしない日本国民でけっこう」

亀井　だからね、僕みたいなのが生きてこられたのは、あんまり深刻に考えなかったからですよ、ぬらりくらりとやってね。

内海　肩ひじを張らない生き方ですね。
　徴兵はなかったんですか。

亀井　僕らは丙種合格です。僕らの時代は軍縮時代なのでほとんど丙種合格です。それで開戦になってから、丙種を繰り上げて乙種にしてもっていかれたのがたくさんいます。

内海　甲、乙、丙の丙種。いってみれば不合格、それを戦力が必要になると順ぐりに上へあげて戦争へひっぱっていくというやり方ですね。

亀井　それで僕らにはね、徴用がきたんです。

内海　徴兵でなく宣伝班への徴用ですか。

亀井　軍需工場への徴用でしたけどね。のがれました。ちょっとしたコネを使ってね。

内海　どんなコネですか。

亀井　いろいろなコネがあるんです。僕の姪の亭主が東条の高級副官やってたんです。そこへ行ってね、取り消してくれって頼んだんですよ。そしたらそういうこというからまたやられると、けんもほろろに追い返されたんだけど、何かやってくれたんじゃないかね、それっきり来なかったから。

房だけの軍旗でも、軍旗は守り抜かなければならないものだった。『戦ふ兵隊』より

内海　正式な取り消しもなかったんですか。

亀井　なかったですね。

内海　でも行かなかったんですか。

亀井　行かないですよ。軍国日本なんかでは、だらしのない日本国民でけっこうだという考え方が、ぼくの深層心理の中にあったと思うんです。治安維持法でやられた時「国賊」っていわれたんだけど、その時僕はニヤッとしましたよ。国賊っていわれたのは愛国者っていわれたことだと、僕は自分で自分を本当の愛国者だと、自信をもっていたからね。

日本が戦争なんかに入り込まないように、無い知恵をしぼって、一生懸命、少くとも考えただけでもね、俺は愛国者なんだと国のためにといっている連中が、実は国を滅ぼしているじゃないかと。

僕はインターナショナリストじゃないんです。コスモポリタンでも実はないんですけれど、ごく土俗的な日本人です。だから日本の生活というものが何より好きなんです。アメリカ風生活なんか、とてもなじめない。ずっと生れた風土の生活がぴったりするんです。

だからほんとうにね、自分たちの生活を守るんだったらね、自分の属するふるさと、共同体なら死守しますよ。しかし、階級的にも利害関係が一致してない国家という怪物となるとそう安々とは受け入れられない。しかし大きな意味で国家を守る必要がある時には守りますよ。そういう愛国心は持っています。

内海　私が持っているのと同じ程度、かもしれませんね。(笑)

亀井　しかし国家の為というたてまえで、個人を軽く扱われては、たまらない。といって、身勝手な個人主義は、がまんならない。

内海　そういう、やわらかい姿勢で、愛国心も考えられているといいんですけれど、状況がせっぱつまってくると、「国賊」とか、「売国奴」とかいうことばをぶっつけるようになってくる。

行動で何をするのか

亀井　いやいや、ことばでいわれてもいいんですよ。だけど行動で何をするかっていうことですね。

あなた、『イワノフの「装甲列車」』っていう芝居読んだことない？　観たことはもちろんないでしょうけど。ぼくも忘れてしまったんですが、話は、シベリア鉄道をね、反革命の列車が、あれは確かセミョーノフの反革命部隊に武器を送る列車が間もなく通過するっていう設定なんですよ。ある地点をね。その時に、パルチザンの連中がこれをどうやって止めるか、盛んに議論してるの、小田原評定っていうやつね。一人ね、その議論には加わらないで、スイカを食いながら種をはき出している中国人がいたの。だけどだんだん事態は切迫してくるわけです。そのときにね、彼が爆弾を抱えて飛びこむんです。列車は爆破されて、武器は反革命軍にわたらない。彼は、友軍の勝利に身をもって貢献するといったストーリーだったと思うんですよ。行動で示したんですね、この中国系パルチザンは。

内海　『戦ふ兵隊』『日本の悲劇』はそういう意味で亀井さんの行動だったわけですね。

私たちはさて何をするのか、喋ってばかりいないで行動することがせまられている時代ですが、最後の瞬間に腰くだけにならないことだけは心がけたいと思っています。その中国系パルチザンのような真似はできないまでも、おおらかにしなやかに生きたいですね。

ありがとうございました。

あとがき

自分の生きている時代を正確にとらえることは思ったより難しい。まして、戦争へと坂道をころげ落ちるような激動の時代を生きた人たちにとって、冷静に時代を見つめることは至難のわざであっただろう。あの時代に青春を送った人たちは、何を考え、何を悩んでいたのだろうか。

国家総動員体制のなかで、誰もが戦争を避けて通れなかった以上、その体験は語りつくされることはない。日本人だけでなく、日本の戦争に動員された朝鮮人、台湾人、日本に侵略されたアジア人たち一人一人が、語るべき体験をもっているはずだ。そうした体験の記録の集成の上にしか、日本の侵略戦争の姿は知りえないだろう。

しかし、戦争を知らない世代が、大多数を占める今日、あの戦争はすでに遠いものになってしまった。あの戦争といって、ベトナム戦争を想い浮かべる若者がいる時代である。かつての侵略戦争に動員された若者たちの悩みなど、伝えようもないほど、両者の距離は隔っている。第一、言葉がわからない。戦争世代が思いをこめて語る話も、伝達不可能なほどである。兵隊の位もわからない戦後生れ・育ちの私たちには、初年兵教育の悽惨さも憲兵の恐しさも絵空事のようにしか思えない。まして、次第に戦争へと追いつめられていく不安感、出口の見えない閉塞状況など、時代をおおう空気を実感をもって理解することは難しい。わかりようがないといってもよいだろう。

「わからない」「伝わらない」ということを前提に、私たちは、もう一度あの戦争について考えてみる必要がありはしないか。次の世代に何を伝えていくのか、戦争世代から何を学ぶのか、この二つの世代がお互いに手をさしのべあって、体験を着実に伝達し、受けとっていく。その努力を重ねていくことの必要性を、今、私は痛感している。

ここに収録したインタビューは、そうした思いをこめておこなわれたものである。用語の解説を付したのも、戦争を知らない世代に、戦争を伝えたいとの思いからである。誰もが過去の忌(いまわ)しい記憶を語りたくないだろう。ふれたくない体験を語って下さった五人の方に共通しているのは、決して戦争をやってはいけない、それを阻止するためには、今、できることを精一杯やらなければならないとの思いである。私のインタビューに多くの時間とエネルギーをさいて下さったのも、そうした思いの一端ではないか、ここに改めて謝意を表し、その思いを共にわかちあうために本書が少しでも役立つことができればと願っている。

ＰＡＲＴⅢは日本の軍隊を中心にまとめてみた。日本帝国軍隊は、今の社会以上に徹底した学閥主義、学歴主義が支配した官僚機構だった。能力差別も加わって、差別を構造化した軍隊のなかで、ふつうの人間がどんなにいためつけられたのか、人間としての理性も感性もはぎとられた皇軍の兵士が、アジア民衆に何をしたのか。天皇の軍隊のむこうには、殺され、いためつけられたアジア民衆の存在が重なって見えてくる。天皇の軍隊のなかでは被害者だった兵士は、アジア人と向きあった時は、明らかに暴力装置の一員として加害者となった。そのことを五人は異口同音に語っている。この五人の話を受けて、当然、アジア人が語る日本の戦争、軍隊が記録されねばならないだろう。かつて「大東亜共栄圏」と呼ばれたアジアの地域に広がる、日本軍に対するアジア人の証言を記録することは困難な作業である。だが、いつの日にかそれを実現させたいと思う。

一九八六年七月、この時を後世の歴史家はどう描くだろうか。「そして、戦争になった」と書かれないためにも、私は自分の生きている時に、流れに抗する人の輪を少しでも広げたい。それはインタビューに応じて下さった五人の方々の共通の思いでもあると思う。

「教科書に書かれなかった戦争」ＰＡＲＴⅢは、そうした思いと願いをこめて編さんされたものである。多くの方々から御意見、御批判をおよせいただければ幸いです。

一九八六年七月十五日　　　　内海愛子

あとがき

《新装・増補・改訂版》

「迂闊でした。30年前に気づいていたら我が人生も変わっていたかもしれないと思えた書でした。登場された5人（増補版では4人）の方々、こんな人が日本にいらした。驚きと同時に孤独を囲った我が人生を悔やみました」

２０１７年11月、ハバロスクに在住の田中猛氏からこのような手紙をいただいた。氏は敗戦後、４年間シベリアに抑留され、帰国後は業界紙記者や月刊誌編集長などをしていたが、１９９５年、再びハバロフスクに居を移している。日本での生活に「絶望」したからだという。それまでかたくなに沈黙していたシベリア抑留問題だったが、有光健さん（シベリア抑留者支援・記録センター）との出会いが田中氏を動かし２０１４年来日。８月23日の千鳥ヶ淵慰霊祭に参列した。

そこでおどろきの発見があったという。それはハバロスクの民主運動はロシアで起こった特殊な現象ではないということだった。シベリア抑留体験の三重苦――酷寒・飢餓・重労働はよく知られているが、田中氏の絶望はそれだけではない。そこでの「民主運動」だった。

ハバロフスクのラーゲリで「民主運動」が始まったのは昭和21年秋。運動は次第に過激化し、将校や下士官だけでなく共産主義に賛同しない者も次々に糾弾され、日本人同士の密告も横行し、ラーゲリ中に人間不信が広がった。こうした「民主運動」への絶望から、田中氏はこれまでかたくなにシベリア抑留の問題に沈黙してきた。

千鳥ヶ淵慰霊祭で田中氏は、ハバロスクの民主運動はロシアでの特殊な現象ではないということを「発見」したという。

慰霊祭に参集した政治家、報道人、抑留体験者と遺族などの話は、戦争はいけない、悲劇を繰り返してはならない、次世代に真実を伝えるなど、立場を越えて共通していた。それが氏には「念仏に聞こえた」という。そこには日本の軍隊が近隣諸国の人びとにくわえた屈辱の歴史事実にどこにも触れていなかった。民主運動で体験した「現象」が、70年の時間を経た今も続いていること、そして、それを許している日本人がいる――。日本の状況にこのような厳しいまなざしを向けていた田中氏は、本書（旧版）に収録した人たちの証言が「私の目を開かせてくれました」と書いていた。

同時代を生きてきた秦正流氏（元朝日新聞外報部長）からも「正直な告白と告発の書がもっと多くでることを願ってきました。決して自虐的な意味ではなく、誠実な自己批判として語り伝えられるべきことだと思うからです。中でもこの恐るべき時勢のなかでこそ……との感想をいただいた。あの戦争の時代を生きてきた一人として時代にどう向き合ってきたのか、自らの戦争への加担を問い直すことの重要性を指摘されていた。

「自分のなかに戦争があり、植民地主義があり軍歌があり専制的な性がありますので自分なりの証言をしてゆかなければならないと思っている」と話していたのは詩人の村松武司氏、氏も１９４４年に召集されて朝鮮京城府の師団に入営し、敗戦の年の10月に引き揚げてきている。

本書の証言は、読む者に自らへの問いを投げかける。私ならどうしただろうか、何ができただろうか、と。

田中氏の手紙を読んで改めてもっと多くの人に本書を届ける努力をすべきだったと反省し、梨の木舎の羽田ゆみ子さんと再版を決めた。旧版は軍隊経験を中心にした証言の収録だった、これに同時代を生きた女たちと植民地統治下で苦渋の体験をしてきた韓国人の証言を加えることで、新たな視点からあの戦争とその時代を考えたいと思ったからである。なお、3人の証言はアジア太平洋資料センターが刊行していた『季刊オルタ』（1992～93）に掲載されたものである。

刊行にあたってはわかりにくい軍隊の階級や制度を細かくチェックしてくださったわだつみ記念館の奥田豊己さん、田中氏との間をつないでくれたシベリア抑留記録センターの有光健さん、イラスト似顔絵を30数年ぶりにまた描いてくださった小川二美子さんにお世話になった。タイトルの検討にはパレスチナに心を寄せる写真家山岡幹郎さんのアイデアをお借りした。皆様の協力で刊行にこぎつけることができた。

7人の証言が、この危うい時代を生きる私たちがどう生きるのか、どう行動するのかを問い直し、思考する一助になることを願って、本書をお届けしたい。

内海　愛子

2024年2月1日

資料 1

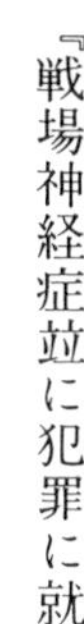

『戦場神経症竝に犯罪に就て』

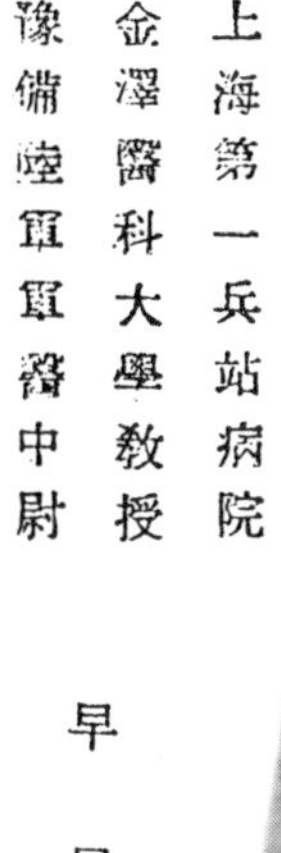

於上海第一兵站病院
金澤醫科大學教授
豫備陸軍軍醫中尉

早尾虎雄

(三)犯罪ノ種類

官憲ノ取締行キ届カサリシ頃ハ放火、掠奪、殺人、窃盗、強奪、強姦等凡ユル重犯行爲思フカマヽニ行ハレツヽアリシカ取締嚴トナルト共ニ放火ハ漸次數ヲ減シタルヲ見タリ。必要上ノ放火ヨリハ盜賊的放火ノ少カラサルヲ見タリ。殺人行爲モ減少セリ。殺シタル後ニ是ヲ殺シタル例モ其ノ目撃者ヨリ聞ケリ掠奪、強奪モ見ラレタルモ漸次減少シツヽアリ。反之奇異ナル現象ハ休戰期間ノ續クト共ニ戰友間ノ傷害カ目立チテ多クナリ支那人強姦例ハ殆ト敢ヲ聞ケ得サル程ノ多數ニ上リ詐僞、脅迫、強奪、服飾品用等ノ如キ犯罪ヲモ見ルニ至レリ。犯行ハ次第ニ在留邦人ニモ向ケラルヽニ至レリ。

就中傷害犯ノ多キコト而モ是カ皆飲酒ノ上ニ行ハルヽ事ニ就テハ兵ノ精神教育ノ不徹底ヲ疑ハサルヘカラサル所ナリ。彼等ハ酒ヲ飲メハ戰功ヲ誇リ高名話ヲ競フ傾アリ。是ニ就キテハ何等怪ムニ足ラサルモ其ノ結果ハ必ス銃劍ヲ拔キ對手ヲ威嚇スル者甚タ多シ。其ノ終局ハ傷害ヲ來スモノナリ。亦徒ニ衆人ヲ前ニシテ日本刀ヲ拔キ威勢ヲ示シ支那人ヲ何人切リシ等高言ヲ吐ク將校モ幾人カ目撃セリ在留邦人ハ飲酒ノ上劍ヲ拔キ威嚇ナスハ軍人ノ常ノ如ク考フルニ至リ皇軍軍人ヲ猛獸ノ如クニ怖レツヽアリトノ文句サヘ讀ミシコトアリ。在留邦人ノ冷淡ヲ憤慨ナス者モアレト功績赫々タル聖戰參加ノ將兵カ如何ニ萬死ニ一生ヲ得タリト雖モ上海ニ於テ「ダンス」ニ興シ下等ナル賣笑婦ニ戲レ或ハ徒ニ劍ヲ拔キテ人ヲ傷ツケ、或ハ拳銃ヲ發砲シテ傷害シ恐喝シ或ハ無錢飲食ナス等到底內地人ノ夢想タモセサル痛恨事ナリ。上海ハ實ニ日本軍人ノ犯罪都市ト化シタル觀アリ。南京亦是ニ次カントスル有樣ナリ。實ニ日本軍人ノ墮落ト言ハサルヘカラス。

（犯罪ニ關スル統計ハ最後ニ添加セリ）（上海日本租界憲兵分隊ニ於テ材料ノ提供ヲ受ク）

資料提供・高崎隆治氏

資料 2

従軍兵士ノ心得 第一號

昭和十三年八月
大本營陸軍部

一、行軍宿營間ハ勝手ニ隊列ヲ離レ或ハ命令ナシニ單獨行動ヲシテハイケナイ

戰ニ勝ツタメニハ軍隊ハ常ニ指揮官ノ掌握下ニアラネバナラヌ、勝手ニ隊列ヲ離レタリ、命令ナクシテ單獨行動ナドスルコトハ許スベカラザル不軍紀行爲デアル、萬一斯クノ如キ行爲ヲスルト、イザト云フ場合間ニ合ハンデ不覺ヲ取ルバカリデナク、往々戰地ニハ敗竄(ハイザン)兵ヤ便衣隊等ガ横行シテ居ルカラ不慮ノ災厄ニ遭遇シ易ク且遭遇シテモ本隊ニ知ラスコトモ出來ナイノデアル

又一寸シタ出來心カラ誘惑ニ陥リ易ク、勝手ニ民家ニ入ツテ品物ヲ取リ出シタリ、女ニ戲レタリシテ士民(ママ)カラ慘殺サレ或ハ捕虜トサレタリシテ行方不明者トナル虞(オソレ)ガアル

行方不明者ハ如何ニ不名譽デアリ、又如何ニ隊長ヤ家族ヤ其他ノ關係者ヲ惱マスカヲ深ク考ヘネバナラヌ

略

一、戰地ニ於ケル敵意ナキ支那民衆ヲ愛憐セヨ

無辜ノ民ヲ苦メズ弱者ヲ憐ムノハ我大和民族古來ノ美風デアル、況ンヤ今次ノ聖戰ハ支那民衆ヲ敵トシテ居ルノデハナイ、抗日容共ノ國民政府ヲ擊滅シテ無辜ノ支那民衆ヲ救恤スルノガ目的デアル、彼等ヲシテ皇恩ニ浴シ得ル樣ニシテヤラネバナラヌ、萬一ニモ理由ナク彼等ヲ苦メ虐ゲル樣ナコトガアツテハイケナイ、武器ヲ捨テテ投降シタ捕虜ニ對シテモ同樣デアル、特ニ婦女ヲ姦シ私財ヲ掠メ或ハ民家ヲ謂モナシニ焚クガ如キコトハ絕對ニ避ケネバナラヌ、斯クノ如キ行爲ハ啻ニ野蕃民族トシテ列强ノ嗤ヲ買フバカリデハナク彼等支那民衆ヨリハ未來永劫迄モ恨ヲ受ケ、假令戰鬪ニハ勝ツテモ聖戰ノ目的ハ達シ得ヌコトトナル、「掠奪强姦勝手次第」ナドト云フ

言葉ハ「兵ハ兇器ナリ」ト稱スル外國ノ軍デハイザ知ラズ、神國デアリ神武デアル皇國ノ軍（イクサ）デハ絶對ニアリ得ヌコトデアル、萬一ニモ斯クノ如キ行爲ヲナスモノガアッタナラバ之レ不忠ノ臣デアル、國賊トシテ排撃セネバナラヌ、但シ支那ノ戰場ニハ便衣兵ノ活動ガ旺（サカ）ンデアルカラ油斷ハ禁物デアル

略

資料提供・高崎隆治氏

巣鴨プリズン裁判国別・国籍別在所者　1952年4月12日　現在

裁判国（法廷）＼国籍		日本人	沖縄人	台湾人	朝鮮人	合　計（人）
極東		13				13
米国	第八軍	301	2			303
	横浜	27	1			28
	マリアナ	28				28
	太平洋方面陸軍	25				25
	マーシャル・ギルバート	13				13
	カロリン	3				3
	比島・琉球	35	1			36
	西太平洋方面	4				4
	上海	10				10
	南京	8				8
	軍事顧問（南京司令部）	3				3
	計（人）	457	4			461
英国	シンガポール	58	1		18	77
	マレー	25		1	2	28
	香港	31				31
	北ボルネオ	9		1		10
	ビルマ	9				9
	計（人）	132	1	2	20	155
和蘭		223	3		13	239
中国		92	4			96
仏国		43				43
合計（人）		960	12	*2	33	**1007

（出所）『第13回国会衆議院法務委員会議事録』第31号19頁

* 台湾人戦犯は173名（うち刑死者26名），2名のほかにもオーストラリアのマヌス島に68名が拘留中。

** この数には，フィリピンのニュービリビット刑務所に拘留中の111名（うち59名死刑囚），オーストラリアのマヌス島の210名（うち台湾人68名）が含まれていない。

〔注〕なお，4月28日には927名に減少（うち朝鮮人29名，台湾人1名）

階級別人員　1952年4月12日　現在

大臣級	将　官	佐　官	尉官級	下士官	兵	民間級その他	計
6人	51人	104人	291人	240人	41人	274人	1007人

〔出所〕同上議事録18頁

資料 4

軍事郵便

「軍事郵便」と印刷された葉書（または絵葉書）が時々兵士に配布された。戦地からの葉書は無料であった。しかし内地からのものはたとえ「軍事郵便」と記されたものでも切手を必要とした。検閲は戦地からのものは将校を除いて百%確実に行われたが、内地からのものは女性からの手紙を選んで退屈まぎれに中隊事務を担当する下士官などによって閲読された。

資料提供・高崎隆治氏

資料5

ある遺言

山本　順平

三十才　元海軍中尉
学徒出身
グアム島地区

何のために

だまされたとただその言葉だけ
　死の前夜　房の壁に向って
投げつけた同囚の一言
　戦争に敗れたためだといった声が
その叫びにくらべてなんとうつろな
　ことだろう
だまされたおかえしが死となって
　帰って来るさだめ
若いぼくたちがこのさだめを
　どうしてうけとることができるのだ
僕はなんのために死ぬんだろう

（一九四七・四・八）

歌のない死

死ぬ前にうたう歌が欲しい
　いつわりのない歌声で自己を
かざろうとするのではない
　僕は「奴隷の歌」で死の旅路を
歩むみじめさに耐えられないのだ
　でも僕にはうたううたがない
黙って胸の銃弾をかぞえようとする

（一九四七・五・三）

『壁あつき部屋』
理論編集部編　理論社
一九五三年

初出：鶴見和子「アニミズムと国際貢献」『オルタ５〈終刊号〉』1993 夏
北沢洋子「カイロで目からウロコが落ちた」『オルタ１』1992 秋
鄭敬謨 「板門店で“アメリカ”が見えた」『オルタ３』1992 冬

内海愛子（うつみあいこ）
早稲田大学大学院文学研究科社会学専攻・
歴史社会学・日本ーアジア関係史
早稲田大学平和学研究所招聘研究員・恵泉女学園大学名誉教授

主要著作
『朝鮮人ＢＣ級戦犯の記録』勁草書房 1982 年・2015 年岩波現代文庫
『死刑台から見えた二つの祖国』（共編著）梨の木舎　1992
『スガモプリズン――戦犯たちの平和運動』吉川弘文館　2004
『日本軍の捕虜政策』(単著) 青木書店　2005
『キムはなぜ裁かれたのか　朝鮮人ＢＣ級戦犯の軌跡』朝日新聞出版　2008
『戦後責任　アジアのまなざしに応えて』（共著）岩波書店　2014
『歴史を学び、今を考える――戦争そして戦後』（共著）梨の木舎　2017
『村井宇野子の朝鮮・清国紀行』（編）梨の木舎　2021

７人の戦争アーカイブ　あなたが明日を生き抜くために
■教科書に書かれなかった戦争　わたしたちの《歴史総合》Part75

2024 年 3 月 15 日：初版発行
編　者：内海愛子
カバーデザイン：宮部浩司
イラスト：小川二美子
発行者：羽田ゆみ子
発行所：梨の木舎　東京都千代田区神田三崎町2－2－12　エコービル1階
〒101‒0061　☎ 03（6256）9517　FAX.03（6256）9518
印刷所：厚徳社
ＤＴＰ：具羅夢

＊本書は、1986 年刊行の教科書に書かれなかった戦争 Part 3『ぼくらはアジアで戦争をした』の新装増補改訂版です。
旧版は5刷りを重ねたのちしばらく品切れでしたが、増刷を求める読者の声に応えて新しく生まれました。

30. 改訂版 ヨーロッパがみた日本・アジア・アフリカーフランス植民地主義というプリズムをとおして	海原峻著	3200円	
31. 戦争児童文学は真実をつたえてきたか	長谷川潮著	2200円	
32. オビンの伝言 ―タイヤルの森をゆるがせた台湾・霧社事件	中村ふじゑ著	2200円	
33. ヨーロッパ浸透の波紋	海原峻著	2500円	
34. いちじくの木がたおれぼくの村が消えた―クルドの少年の物語	ジャミル・シェイクリー著	1340円	
35. 日本近代史の地下水脈をさぐる ―信州・上田自由大学への系譜	小林利通著	3000円	
36. 日本と韓国の歴史教科書を読む視点	日本歴史教育研究会編	2700円	品切
37. ぼくたちは10歳から大人だった ―オランダ人少年抑留と日本文化	ハンス・ラウレンツ・ズヴィッツァー著	5000円	
38. 女と男　のびやかに歩きだすために	彦坂諦著	2500円	
39. 世界の動きの中でよむ　日本の歴史教科書問題	三宅明正著	1700円	
40. アメリカの教科書に書かれた日本の戦争	越田稜著	3500円	
41. 無能だって？それがどうした?! ―能力の名による差別の社会を生きるあなたに	彦坂諦著	1500円	
42. 中国撫順戦犯管理所職員の証言―写真家新井利男の遺した仕事	新井利男資料保存会編	3500円	
43. バターン　遠い道のりのさきに	レスター・I.テニー著	2700円	
44. 日本と韓国の歴史共通教材をつくる視点	歴史教育研究会編	3000円	品切
45. 憲法９条と専守防衛	箕輪登・内田雅敏著	1400円	
47. アメリカの化学戦争犯罪	北村元著	3500円	
48. 靖国へは行かない。戦争にも行かない	内田雅敏著	1700円	
49. わたしは誰の子	葉子・ハュス-綿貫著	1800円	
50. 朝鮮近代史を駆けぬけた女性たち３２人	呉香淑著	2300円	
51. 有事法制下の靖国神社	西川重則著	2000円	
52. わたしは、とても美しい場所に住んでいます	基地にNO！アジア・女たちの会編	1000円	
53. 歴史教育と歴史学の協働をめざして ―ゆれる境界・国家・地域にどう向きあうか	坂井俊樹・浪川健治編著	3500円	
54. アボジが帰るその日まで	李熙子・竹見智恵子著	1500円	
55. それでもぼくは生きぬいた ―日本軍の捕虜になったイギリス兵の物語	シャーウィン裕子著	1600円	
56. 次世代に語りつぐ生体解剖の記憶 ― 元軍医湯浅さんの戦後	小林節子著	1700円	
57. クワイ河に虹をかけた男―元陸軍通訳永瀬隆の戦後	満田康弘著	1700円	
58. ここがロードス島だ、ここで跳べ、	内田雅敏著	2200円	
59. 少女たちへのプロパガンダ ―「少女倶楽部」とアジア太平洋戦争	長谷川潮著	1500円	
60. 花に水をやってくれないかい？ ― 日本軍「慰安婦」にされたファン・クムジュの物語	イ・ギュヒ著/ 保田千世訳	1500円	
61. 犠牲の死を問う―日本・韓国・インドネシア	高橋哲哉・李泳采・村井吉敬／コーディネーター内海愛子	1600円	

梨の木舎の本

●シリーズ・教科書に書かれなかった戦争——既刊本の紹介● 20.46.欠番 価格は本体表記(税抜)

1.	教科書に書かれなかった戦争	アジアの女たちの会編	1650円	
2.	増補版 アジアからみた「大東亜共栄圏」	内海愛子・田辺寿夫編著	2400円	
3.	ぼくらはアジアで戦争をした	内海愛子編	1650円	
4.	生きて再び逢ふ日のありや－私の「昭和百人一首」	高崎隆治撰	1500円	在庫僅少
5.	増補版 天皇の神社「靖国」	西川重則著	2000円	在庫僅少
6.	先生、忘れないで！	陳野守正著	2000円	
7.	改訂版 アジアの教科書に書かれた日本の戦争ー東アジア編	越田稜編著	2200円	
8.	増補版 アジアの教科書に書かれた日本の戦争ー東南アジア編	越田稜編著	2500円	
9.	語られなかったアジアの戦後ー日本の敗戦・アジアの独立・賠償	内海愛子・田辺寿夫編著	3107円	品切
10.	増補版 アジアの新聞が報じた自衛隊の『海外派兵』と永野発言・桜井発言	中村ふじゑ他翻訳・解説	2700円	
11.	川柳にみる戦時下の世相	高崎隆治選著	1825円	
12.	満州に送られた女たち大陸の花嫁	陳野守正著	2000円	品切
13.	増補版 朝鮮・韓国は日本の教科書にどう書かれているか	君島和彦・坂井俊樹編著	2700円	在庫僅少
14.	「陣中日誌」に書かれた慰安所と毒ガス	高崎隆治著	2000円	
15.	ヨーロッパの教科書に書かれた日本の戦争	越田稜編著	3000円	
16.	大学生が戦争を追ったー山田耕筰さん，あなたたちに戦争責任はないのですか	森脇佐喜子著・解説高崎隆治・推薦内海愛子	1650円	
17.	１００冊が語る「慰安所」・男のホンネ	高崎隆治編著		品切
18.	子どもの本から「戦争とアジア」がみえるーみんなに読んでほしい300冊	長谷川潮・きどのりこ編著	2500円	
19.	日本と中国-若者たちの歴史認識	日高六郎編	2400円	品切
21.	中国人に助けられたおばあちゃんの手からうけつぐもの	北崎可代著	1700円	
22.	新装増補版・文玉珠-ビルマ戦線楯師団の「慰安婦」だつた私	語り・文玉珠／構成と解説森川万智子	2000円	
23.	ジャワで抑留されたオランダ人女性の記録	ネル・ファン・デ・グラーフ著	2000円	
24.	ジャワ・オランダ人少年抑留所	内海愛子他著	2000円	
25.	忘れられた人びとー日本軍に抑留された女たち・子どもたち	S・F・ヒュ-イ著・内海愛子解説	3000円	
26.	日本は植民地支配をどう考えてきたか	和田春樹・石坂浩一編	2200円	
27.	「日本軍慰安婦」をどう教えるか	石出法太・金富子・林博史編	1500円	
28.	世界の子どもの本から「核と戦争」がみえる	長谷川潮・きどのりこ編著	2800円	
29.	歴史からかくされた朝鮮人満州開拓団と義勇軍	陳野守正著	2000円	

●シリーズ・教科書に書かれなかった戦争――既刊本の紹介● 20.46.欠番 価格は本体表記(税抜)

62. ビデオ・メッセージでむすぶアジアと日本 ――わたしがやってきた戦争のつたえ方	神直子著	1700円
63. 朝鮮東学農民戦争を知っていますか? ――立ちあがった人びとの物語	宋基淑著 / 中村修訳	2800円
64. 韓国人元BC級戦犯の訴え――何のために、誰のために	李鶴来著　解説 内海愛子	1700円
65. 2015年安保、総がかり行動 ー大勢の市民、学生もママたちも学者も街に出た	高田健著	1800円
66. 歴史を学び、今を考える ――戦争そして戦後	内海愛子・加藤陽子 著	1500円
67. ラケットはつくれない、もうつくれない ――戦時下、下町職人の記憶	青海美砂 著 五十嵐志朗 画	2000円
68. 過去から学び、現在に橋をかける ――日朝をつなぐ35人、歴史家・作家・アーティスト	朴日粉 著	1800円
69. 画家たちの戦争責任 ――藤田嗣治の「アッツ島玉砕」をとおして考える	北村小夜 著	1700円
70. 新装増補版　慈愛による差別 ――象徴天皇制・教育勅語・パラリンピック	北村小夜 著	2200円
71. 対決!安倍改憲 ――東北アジアの平和・共生と新型コロナ緊急事態宣言	高田健 著	1600円
72. 村井宇野子の朝鮮・清国紀行 ――日露戦争後の東アジアを行く	内海愛子 編・解説	1800円
73. 戦争花嫁 ミチ ―― 国境を越えた女の物語	田村恵子 著	1700円
74. 敵対から協力へ――ベトナム戦争と枯れ葉剤被害	レ・ケ・ソン チャールズ・R・ベイリー 著	2800円

中條克俊の本

ぼくが生まれた新宿、柏木団の人々と関東大震災。

君たちに伝えたい ❹

中條克俊 著　A5判/270頁/2700円+税

「新宿・柏木・そこに住居を持たない人たちも、暇さえあれば…クラブのようにして集まっていた。社会主義者の巣窟となり、警察では柏木団などと呼んでいた」

著者は、柏木に生まれた。時間を遡れば、柏木団の人々(伊藤野枝や、管野須賀子や、大杉栄や幸徳秋水)たちとすれ違っていたかもしれない。理想の実現をめざした初期社会主義の人々は、「不逞団体」とされた朝鮮人と共に、関東大震災の混乱の只中に抹殺される。

978-4-8166-2306-6

中條克俊の本

梨の木舎

朝霞、そこは基地の街だった。

自由をつくる　君たちに伝えたい ❶

中條克俊 著　　A5 判／ 195 頁／ 1800 円＋税

戦後の復興をささえた基地の姿を、そこに暮した人々をたずね、資料からあきらかにする。中学校教師が丹念に調べた朝霞の占領時代史─「聞き取り作業を進めるなかで日本の片隅にあって『基地の街』と呼ばれた朝霞の占領時代とそれにつづく『戦後』の歴史の一つひとつに、日本と世界をそして今の時代を考えさせるヒントが散りばめられていたことがわかってきた。それらを若い人たちにも伝えたいと強く願うようになった。」（あとがきより）

978-4-8166-0608-3

朝霞、キャンプ・ドレイク物語。

自由をつくる　君たちに伝えたい ❷

中條克俊 著　　A5 判／ 194 頁／ 1800 円＋税

朝霞、ＪＡＺＺが流れる街の歴史を掘り起こす。若者たちに伝えたい、かつての「基地の街」の歴史と現在──。2012 年秋、基地跡地に「朝霞の森」がオープンした。ここは戦後、キャンプ・ドレイクと呼ばれた米軍基地があり、極東のインテリジェンス（諜報活動）を全面的に担ったという。「基地の街」が背負った歴史を著者はここで暮らしてきた人びとに話を聞きながら、明らかにしていく。

978-4-8166-1902-1

朝霞、校内暴力の嵐から生まれたボクらの平和学習。

君たちに伝えたい ❸

中條克俊 著　　A5 判／ 200 頁／ 1800 円＋税

1981 年、着任した中学は「日本1の荒れる学校」だった。窓ガラスはなく、天井には穴、トイレにはドアがない、オートバイで 3 階廊下を走る！なぜ荒れるのか? どうしたらいいのか? 非行を克服し、学校を再建させた、朝霞からの発信。　**目次：**1 章 校内暴力の嵐を乗り超えて／ 2 章 戦争は最悪の非行です。／ 3 章 すべての学習は平和学習／おわりに──「負の歴史」に学ぶ

978-4-8166-1307-4

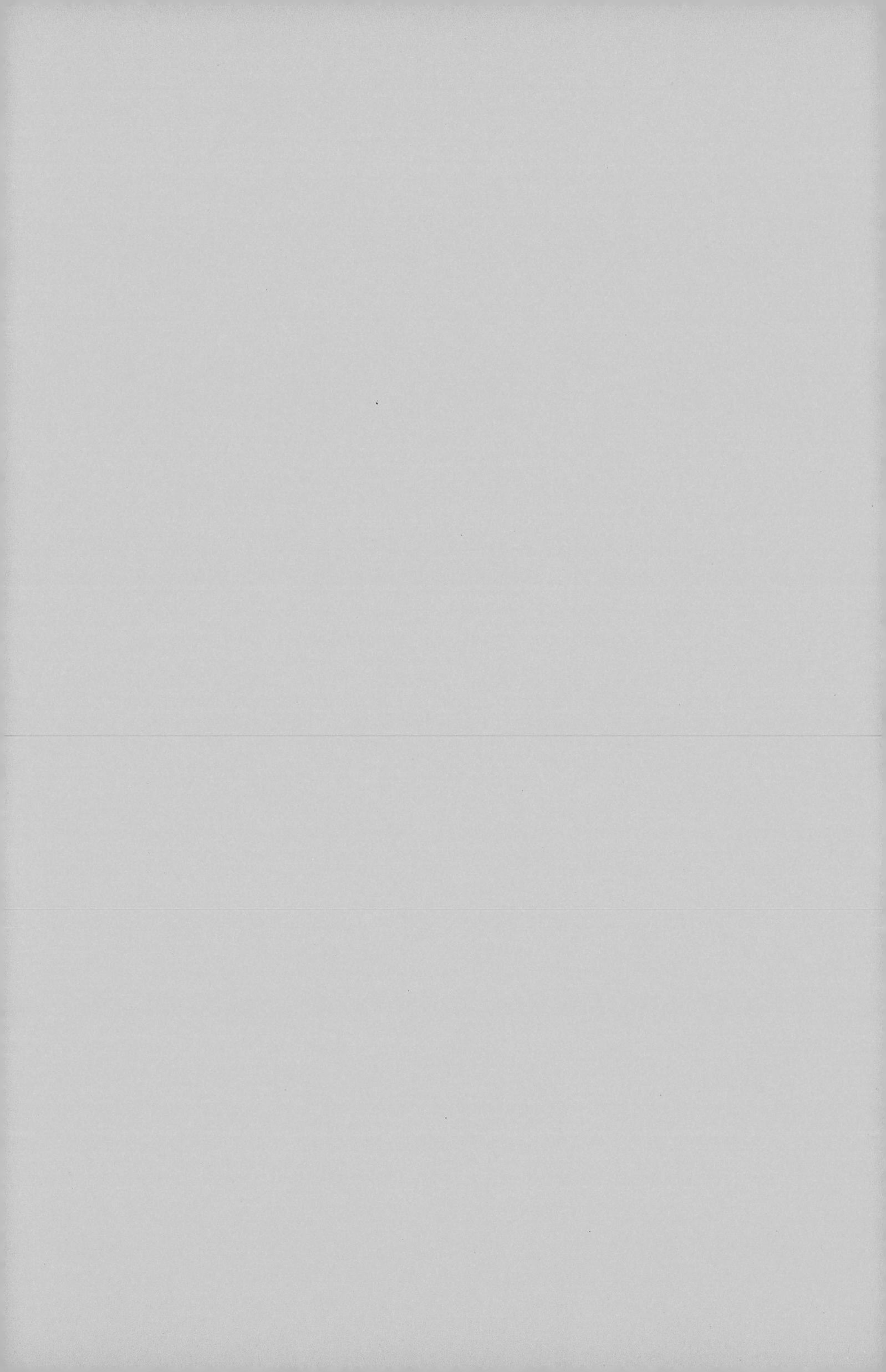

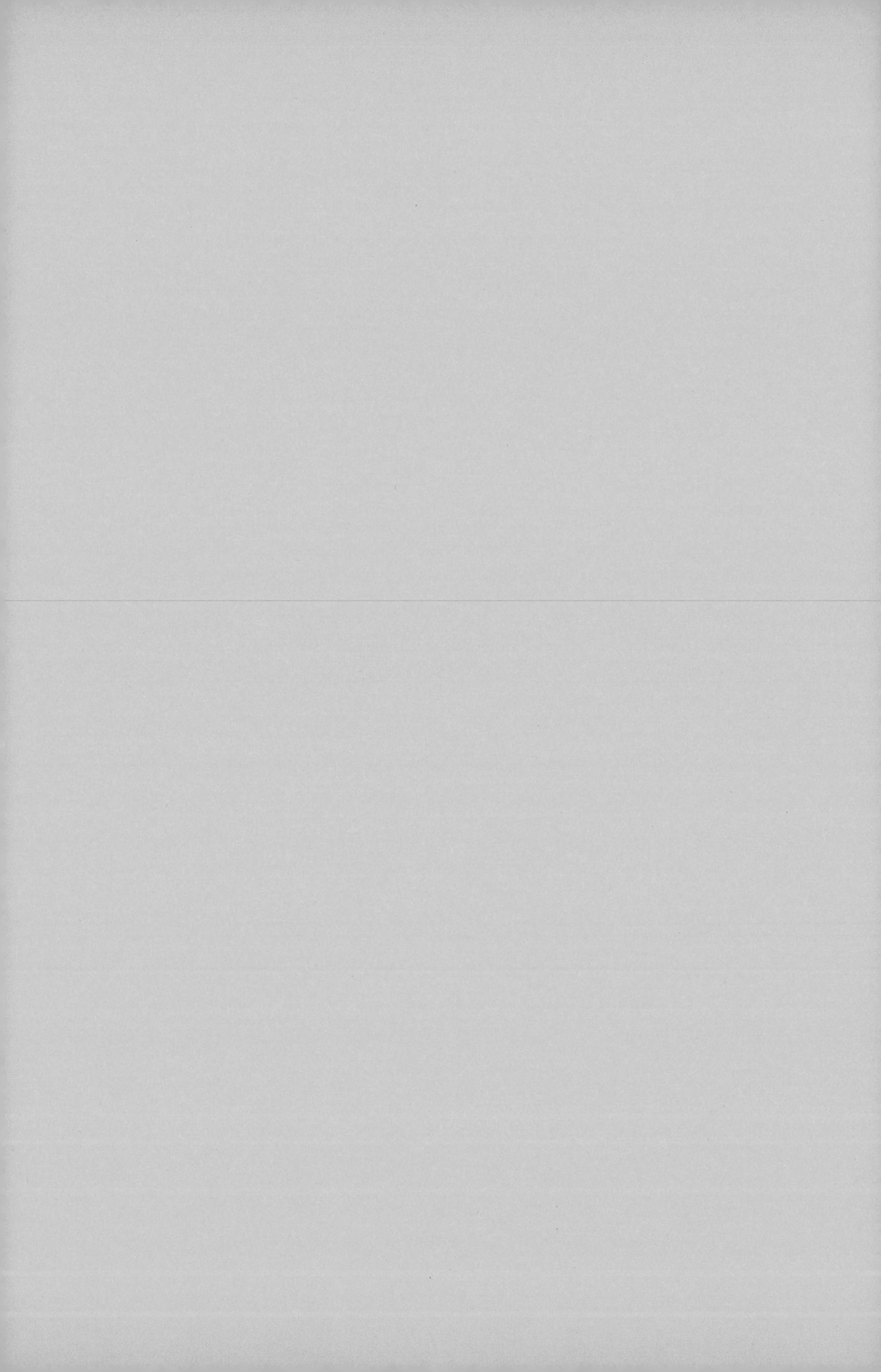